한셀 NEO 자료 다운로드 방법

한셀 NEO 자료 다운로드 방법

1 렉스미디어 홈페이지(http://www.rexmedia.net)에 접속한 후 [자료실]-[대용량 자료실]을 클릭합니다. 그런 다음 렉스미디어 자료실 페이지가 나타나면 [스마트스쿨]을 클릭한 후 [한셀 Neo.exe]를 클릭합니다.

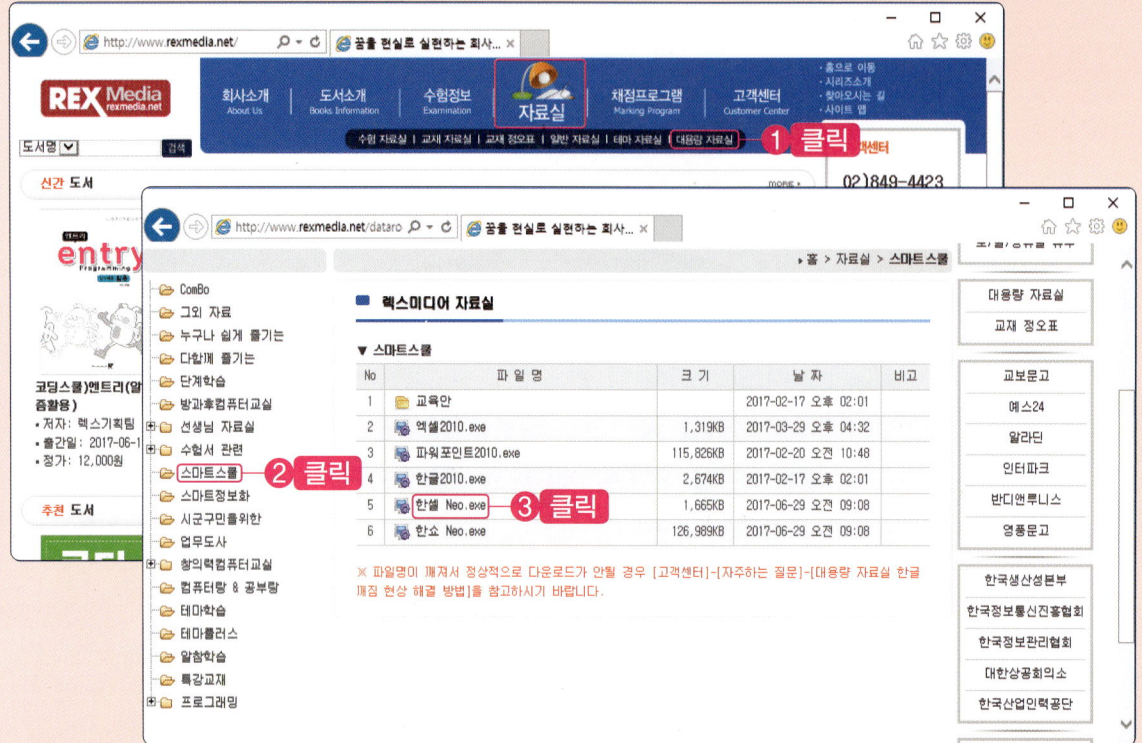

2 '한셀 Neo.exe를 실행하거나 저장하시겠습니까?'라고 묻는 대화상자가 나타나면 [실행] 단추를 클릭합니다.

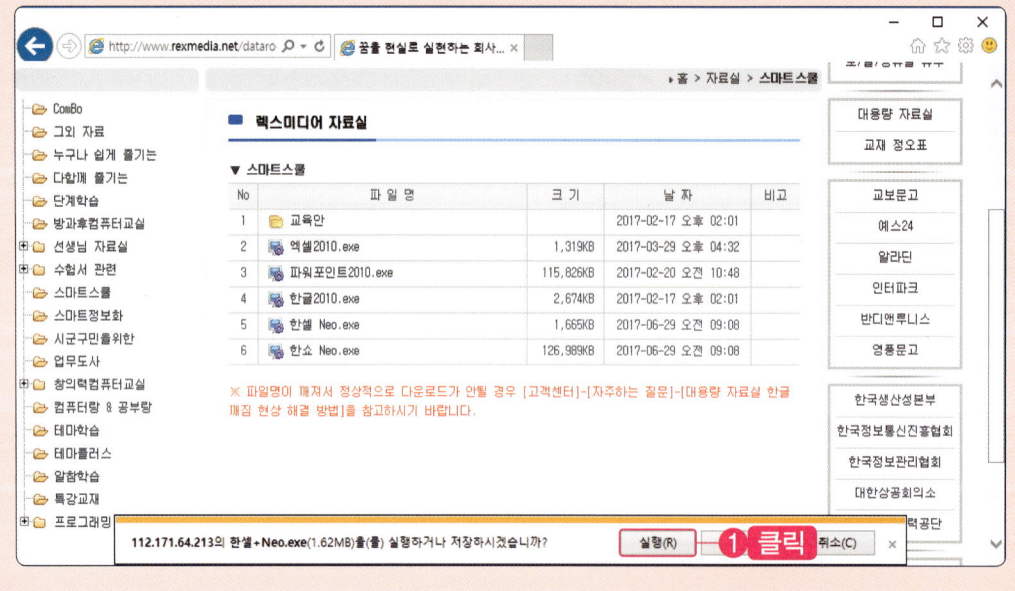

Tip '한셀 Neo.exe를 실행하거나 저장하시겠습니까?'라고 묻는 대화상자에서 [실행] 단추를 클릭한 후 '한셀 Neo.exe의 게시자를 확인할 수 없습니다. 프로그램을 실행하시겠습니까?'라고 묻는 대화상자가 나타나면 [실행] 단추를 클릭합니다.

한셀 NEO 자료 다운로드 방법

3 [Windows의 PC 보호] 대화상자가 나타나면 **[추가 정보]**를 클릭한 후 **[실행]** 단추를 클릭합니다.

4 파일 탐색기를 실행한 후 'C:\스마트스쿨\한셀 Neo' 폴더를 선택하면 다음과 같이 한셀 Neo 자료가 다운로드된 것을 확인할 수 있습니다.

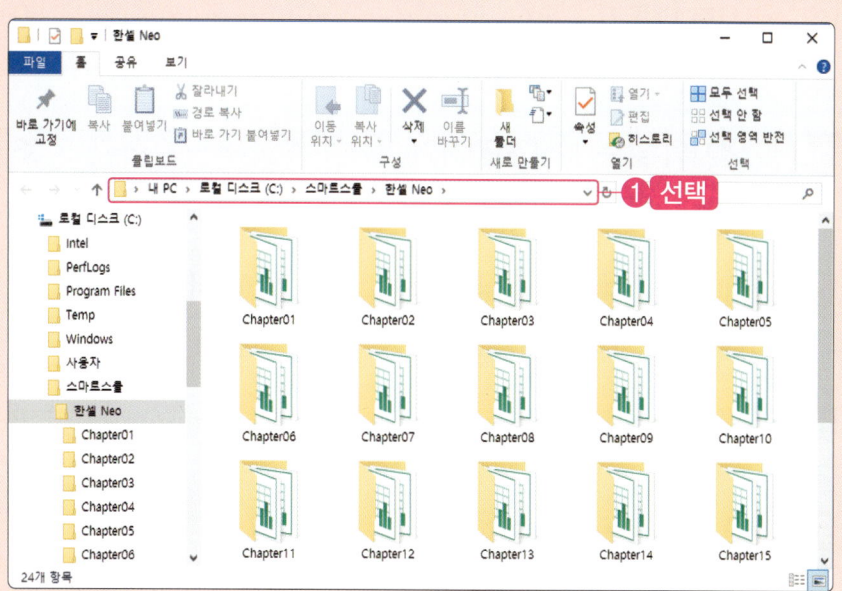

이 책의 차례

한셀 NEO

01장 한셀 시작하기 ············ 6
- 한셀 실행하고 문서 작성하기
- 문서 저장하고 한셀 종료하기

02장 한자와 기호 입력하기 ············ 12
- 문서 열고 한자 입력하기
- 기호 입력하고 다른 이름으로 문서 저장하기

03장 자동 채우기 ············ 18
- 채우기 기능 사용하기
- 자동 채우기 핸들 사용하기

04장 행/열 다루기 ············ 24
- 행/열 삽입하기
- 행 높이와 열 너비 변경하기

05장 시트 다루기 ············ 30
- 시트 이름 바꾸고 시트 복사하기
- 시트 삭제하기

06장 글자와 맞춤 서식 지정하기 ············ 36
- 글자 서식 지정하기
- 맞춤 서식 지정하기

07장 테두리와 채우기 서식 지정하고 표시 형식 지정하기 ··· 42
- 테두리와 채우기 서식 지정하기
- 표시 형식 지정하기

08장 단원 종합 평가 문제 ············ 48

09장 중복된 항목 제거하고 표 만들기 ············ 50
- 중복된 항목 제거하기
- 표 만들기

10장 쪽 설정하고 문서 인쇄하기 ············ 56
- 쪽 설정하기
- 문서 인쇄하기

11장 워드숍과 클립아트 활용하기 ············ 64
- 워드숍 활용하기
- 클립아트 활용하기

12장 도형과 그림 활용하기 ············ 74
- 도형 활용하기
- 그림 활용하기

이 책의 차례

13장	**수식 알아보기** ·············· 84
	• 수식 입력하기
	• 참조 알아보기

14장	**함수 알아보기** ·············· 92
	• 자동 합계 사용하기
	• 함수 마법사 사용하기

15장	**함수 활용하기** ·············· 100
	• 문자열 함수 활용하기
	• 통계 함수 활용하기

16장	**단원 종합 평가 문제** ·············· 106

17장	**조건부 서식 지정하기** ·············· 108
	• 데이터 막대와 아이콘 집합 사용하기
	• 셀 강조 규칙과 상위/하위 규칙 사용하기

18장	**이름 정의하고 데이터 유효성 검사 설정하기** ·············· 114
	• 이름 정의하기
	• 데이터 유효성 검사 설정하기

19장	**차트 작성하기** ·············· 120
	• 차트 삽입하기
	• 차트 꾸미기

20장	**데이터 정렬하기** ·············· 130
	• 데이터 정렬하기
	• 사용자 정의 목록 순으로 데이터 정렬하기

21장	**자동 필터 사용하기** ·············· 138
	• 자동 필터 사용하기
	• 사용자 정의 자동 필터 사용하기

22장	**고급 필터 사용하기** ·············· 144
	• 현재 위치에 원하는 데이터만 표시하기
	• 다른 위치에 원하는 데이터만 표시하기

23장	**부분합 사용하기** ·············· 150
	• 부분합 사용하기
	• 윤곽 설정 단추 사용하기

24장	**단원 종합 평가 문제** ·············· 158
	단원 종합 평가 문제 정답 ·············· 160

한셀 시작하기

Chapter 01

◆ 한셀을 실행하고 문서를 작성하는 방법에 대해 알아보겠습니다.
◆ 문서를 저장하고 한셀을 종료하는 방법에 대해 알아보겠습니다.

한셀은 스프레드시트 중의 하나인데요. 스프레드시트는 계산 기능이 뛰어나서 용돈기입장이나 성적표와 같이 표 형태로 된 데이터(자료)를 쉽고 빠르게 처리할 수 있는 프로그램을 말합니다.

THEME 01 한셀 실행하고 문서 작성하기

1 한셀을 실행하기 위해 ⊞[시작] 단추를 클릭한 후 앱 뷰에서 [한셀]을 클릭합니다.

> **Tip**
> 윈도우 7에서는 ◉[시작] 단추를 클릭한 후 [모든 프로그램]-[한글과컴퓨터]를 클릭한 다음 [한컴오피스 Neo]를 클릭하고 [한셀]을 클릭하면 한셀을 실행할 수 있습니다.

2 한셀이 실행되면 B2셀을 선택합니다.

> **Tip**
> 'B2'는 셀을 서로 구분하기 위해 열을 나타내는 문자와 행을 나타내는 숫자를 조합하여 셀에 부여한 셀 주소입니다.

알아두면 실력튼튼

셀 선택하기

- **하나의 셀 선택** : 셀을 클릭합니다.
- **연속적인 셀 선택** : 셀 범위를 드래그하거나 첫 번째 셀을 선택한 후 [Shift]를 누른 상태에서 마지막 셀을 선택합니다.
- **비연속적인 셀 선택** : 셀을 선택한 후 [Ctrl]을 누른 상태에서 다른 셀을 선택합니다.
- **모든 셀 선택** : ▢[모두 선택] 단추를 클릭하거나 [Ctrl]+[A]를 누릅니다.

Chapter 01 - 한셀 시작하기

알아두면 실력튼튼

한셀의 화면 구성

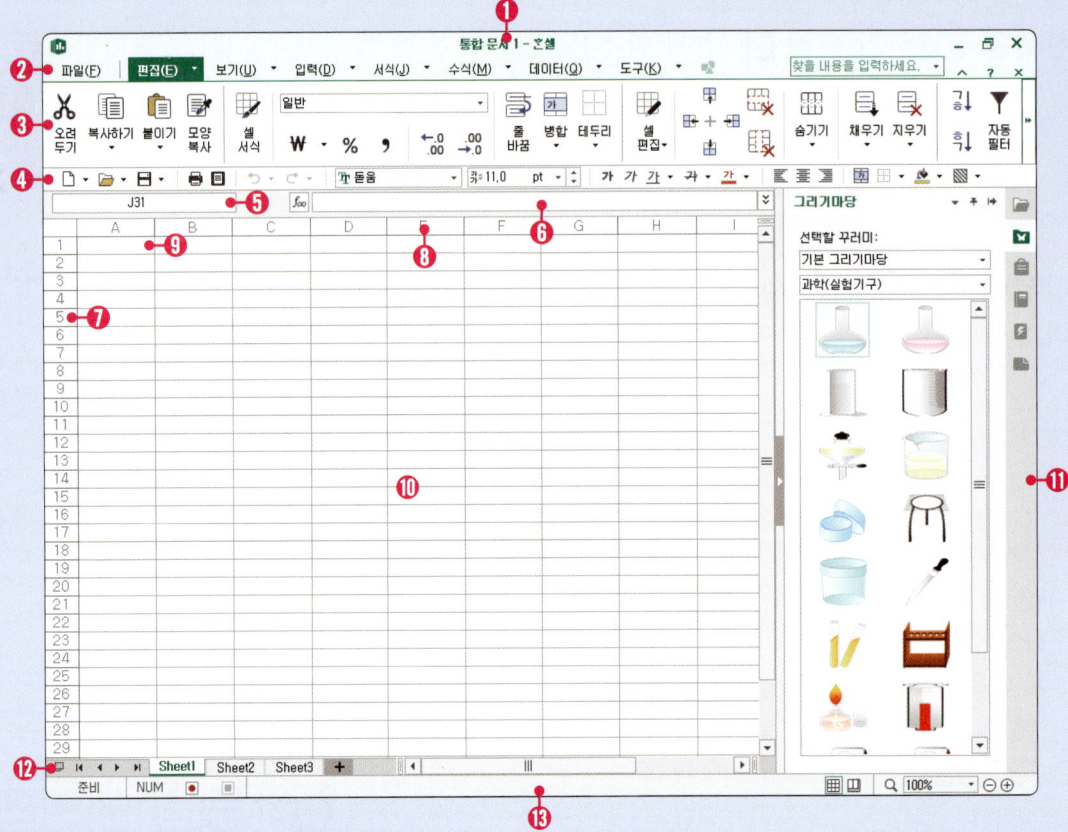

① **제목 표시줄** : 문서의 파일 이름과 경로(현재 위치를 자세히 열거한 것), 프로그램의 이름(한셀)이 표시되는 곳입니다.

② **메뉴 표시줄** : 한셀의 기능을 서로 관련 있는 기능별로 묶어 메뉴 탭으로 구분하여 놓은 곳입니다. [파일] 탭 이외의 메뉴 탭에는 ▼[목록] 단추가 있으며 메뉴 탭을 클릭하면 해당 기본 도구 상자가 나타나고, 메뉴 탭의 ▼[목록] 단추를 클릭하면 해당 하위 메뉴가 나타납니다. [파일] 탭은 해당 기본 도구 상자를 제공하지 않고 해당 하위 메뉴만 제공하여 [파일] 탭을 클릭하면 해당 하위 메뉴가 나타납니다.

③ **기본 도구 상자** : 메뉴 탭에서 자주 사용하는 기능을 서로 관련 있는 기능별로 구분하여 놓은 곳입니다.

④ **서식 도구 상자** : 서식과 관련 있는 기능을 아이콘으로 만들어 놓은 곳입니다.

⑤ **이름 상자** : 선택한 셀의 셀 주소나 도형, 그림, 워드숍 등의 개체 이름이 표시되는 곳입니다.

⑥ **수식 입력줄** : 선택한 셀의 데이터나 수식이 표시되는 곳입니다.

⑦ **행 머리글** : 행을 나타내는 숫자가 표시되는 곳입니다.

⑧ **열 머리글** : 열을 나타내는 문자가 표시되는 곳입니다.

⑨ **셀** : 행과 열이 교차하면서 생긴 영역입니다.

⑩ **시트** : 문서를 작성하는 곳입니다.

⑪ **작업 창** : 그리기마당이나 사전 검색 등의 작업을 쉽고 빠르게 할 수 있도록 도와주는 곳입니다. [보기] 탭에서 [작업 창]을 선택하면 작업 창을 나타낼 수 있고, [작업 창]을 선택 해제하면 작업 창을 숨길 수 있습니다.

⑫ **시트 탭** : 시트 이름이 표시되는 곳입니다.

⑬ **상황 선** : 준비/입력, 보기 설정, 확대/축소 등의 작업 상황이 표시되는 곳입니다.

3 B2셀에 '초식동물 영단어'를 입력한 후 Enter를 눌러 셀 포인터를 B3셀로 이동시킵니다.

> **Tip**
> - 한셀에는 한글, 영어, 한자, 기호 등의 문자 데이터와 숫자, 날짜, 시간 등의 수치 데이터가 있는데요. 데이터를 입력하면 기본적으로 문자 데이터는 셀의 왼쪽에 맞추어 입력되고, 수치 데이터는 셀의 오른쪽에 맞추어 입력됩니다.
> - 데이터의 길이가 셀 너비(가로 길이)보다 긴 경우, 오른쪽 셀에 데이터가 있으면 잘려서 표시되고, 데이터가 없으면 오른쪽 셀에 이어서 표시됩니다.
> - 셀 포인터는 선택한 셀을 나타내는 것으로 셀의 테두리를 굵게 표시하여 선택하지 않은 셀과 구분합니다.

4 같은 방법으로 다음과 같이 데이터를 입력합니다.

> **Tip**
> 셀을 더블클릭하거나 셀을 선택한 후 F2를 누르면 데이터를 수정할 수 있습니다.

알아두면 실력튼튼

키보드로 셀 포인터 이동하기
- ←/→/↑/↓ : 왼쪽/오른쪽/위쪽/아래쪽으로 한 셀씩 이동합니다.
- Tab : 오른쪽으로 한 셀씩 이동합니다.
- Shift+Tab : 왼쪽으로 한 셀씩 이동합니다.
- Enter : 아래쪽으로 한 셀씩 이동합니다.
- Shift+Enter : 위쪽으로 한 셀씩 이동합니다.

새 문서 만들기
[파일] 탭에서 [새 문서]를 클릭하거나 Alt+N을 누르면 새 문서를 만들 수 있습니다.

Chapter 01 – 한셀 시작하기

THEME 02 문서 저장하고 한셀 종료하기

1 문서를 저장하기 위해 [파일] 탭에서 [저장하기]를 클릭합니다.

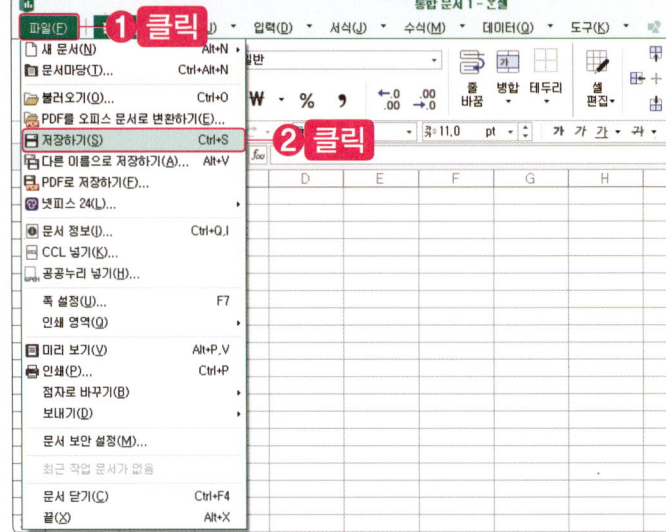

> **Tip**
> Ctrl+S를 눌러 문서를 저장할 수도 있습니다.

2 [다른 이름으로 저장하기] 대화상자가 나타나면 위치(내 PC\문서)를 선택한 후 파일 이름(초식동물 영단어)을 입력한 다음 [저장] 단추를 클릭합니다.

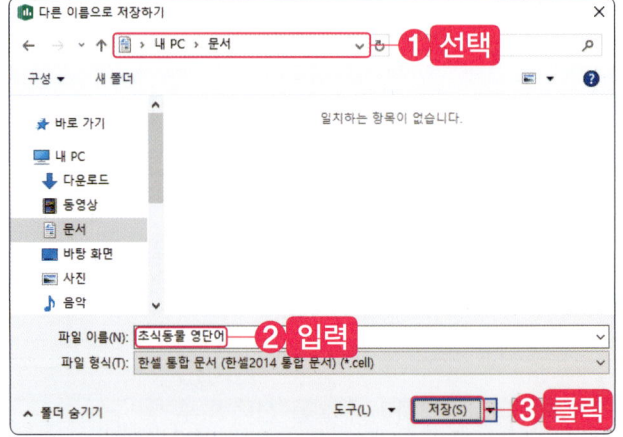

> **Tip**
> 문서가 저장되면 제목 표시줄에 저장된 문서의 파일 이름과 경로가 표시되는데요. 저장된 문서의 확장자는 'cell'입니다.

3 한셀을 종료하기 위해 [파일] 탭에서 [끝]을 클릭합니다.

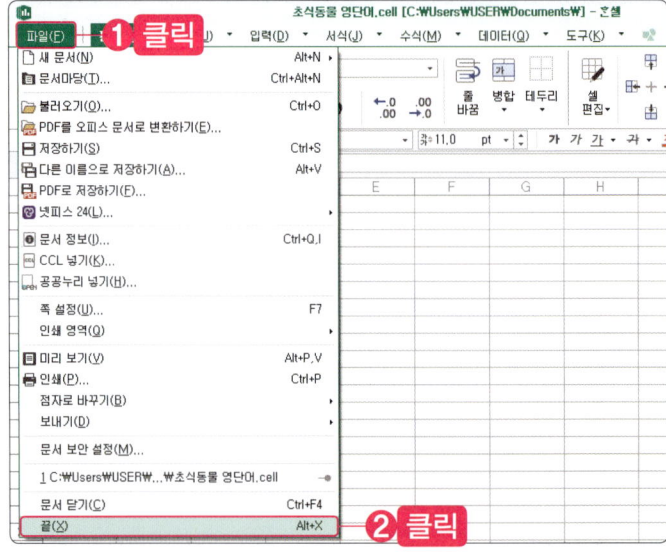

> **Tip**
> Alt+X를 눌러 한셀을 종료할 수도 있습니다.

4 한셀이 종료됩니다.

01 다음은 한셀의 화면 구성입니다. 화면 구성 요소의 이름을 적어 보세요.

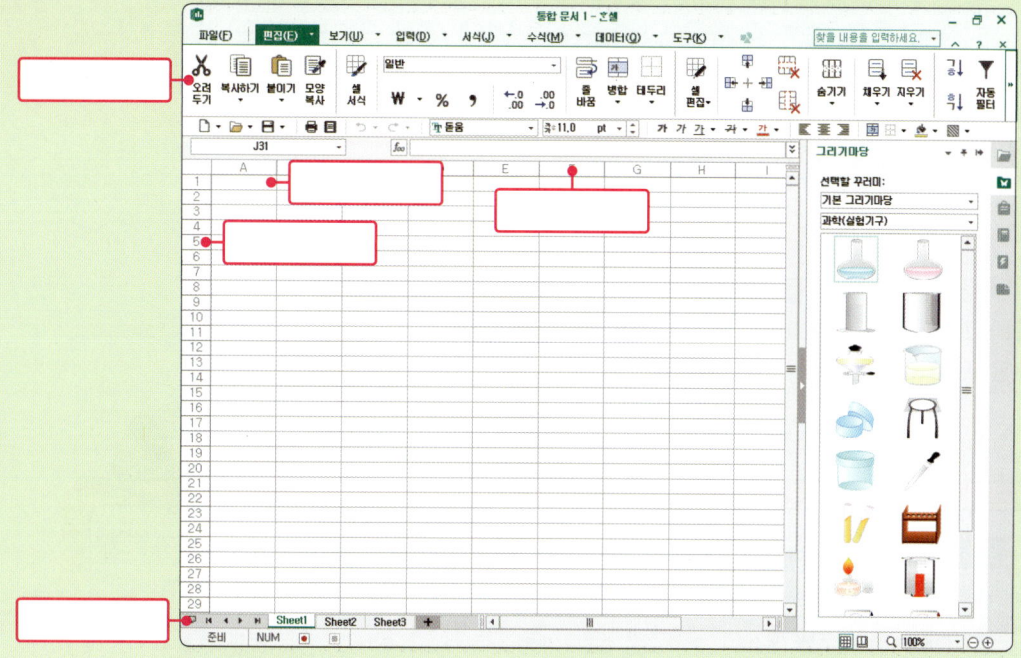

02 다음과 같이 한셀을 실행한 후 문서를 작성한 다음 문서를 저장해 보세요.
- 문서 저장 : 위치(내 PC\문서), 파일 이름(육식동물 영단어)

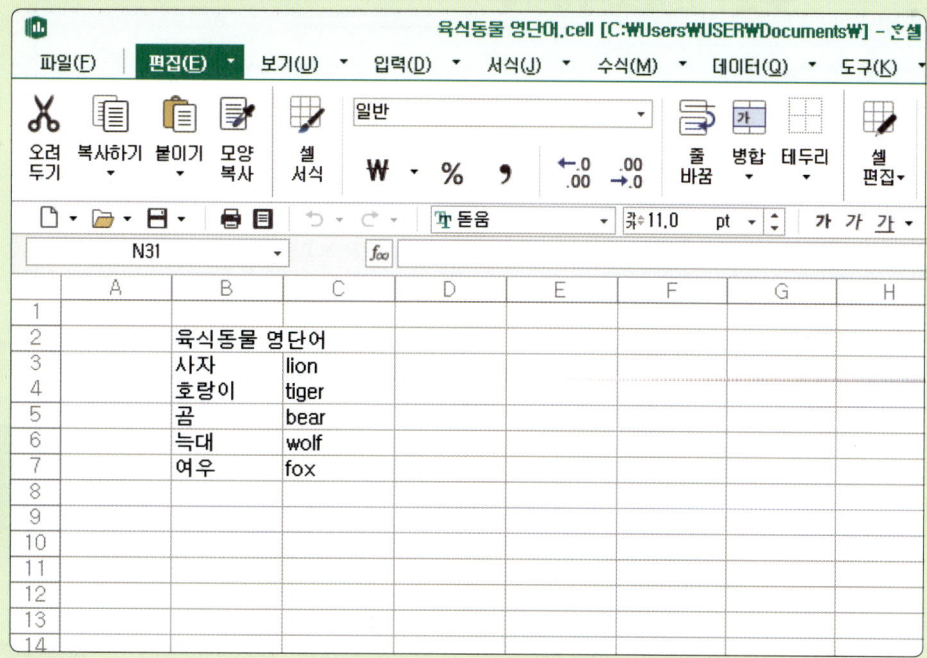

한자와 기호 입력하기

Chapter 02

◆ 문서를 열고 한자를 입력하는 방법에 대해 알아보겠습니다.
◆ 기호를 입력하고 다른 이름으로 문서를 저장하는 방법에 대해 알아보겠습니다.

한셀에서 한자는 한글을 입력한 후 한자로 바꾸기 기능을 사용하여 입력하고, 키보드로 입력할 수 없는 ●, ㅁ, ▲과 같은 기호는 문자표 기능을 사용하여 입력합니다.

THEME 01 문서 열고 한자 입력하기

1 한셀을 실행한 후 문서를 열기 위해 [파일] 탭에서 [불러오기]를 클릭합니다.

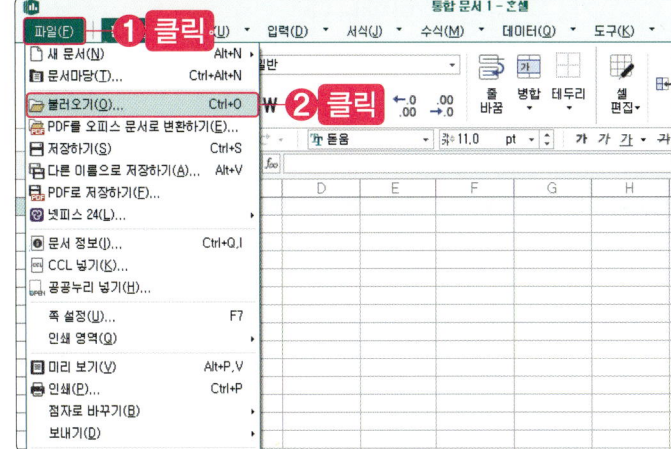

> **Tip**
> Ctrl+O를 눌러 문서를 열 수도 있습니다.

2 [불러오기] 대화상자가 나타나면 위치(C:\스마트스쿨\한셀 Neo\Chapter02)를 선택한 후 파일(친구 관련 고사성어)을 선택한 다음 [열기] 단추를 클릭합니다.

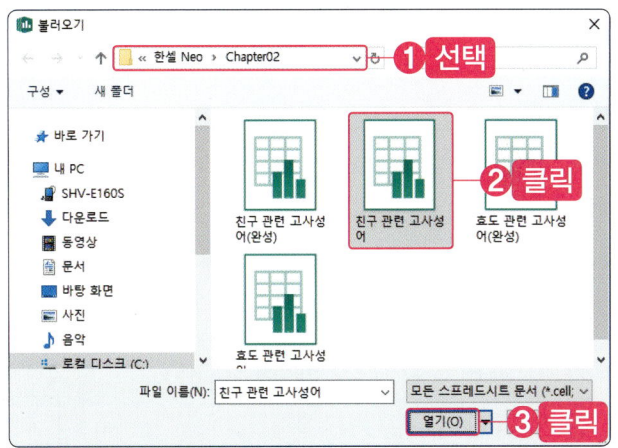

3 문서가 열리면 한자를 입력하기 위해 B4셀을 더블클릭한 후 '간담상조'를 드래그하여 선택한 다음 [입력] 탭에서 [입력 도우미]를 클릭하고 [한자로 바꾸기]를 클릭합니다.

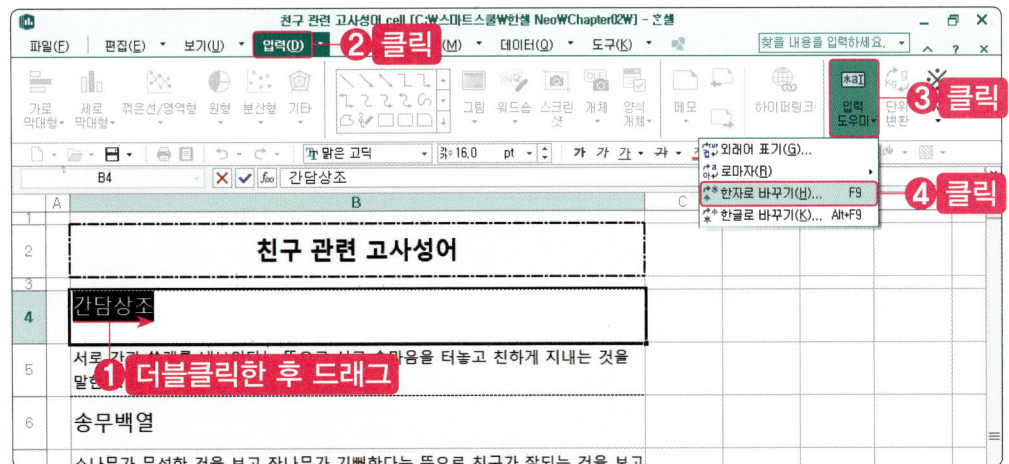

> **Tip**
> B4셀을 더블클릭한 후 '간담상조'를 드래그하여 선택한 다음 한자를 누르거나 F9를 눌러 한자를 입력할 수도 있습니다.

Chapter 02 – 한자와 기호 입력하기 **13**

4 [한자로 바꾸기] 대화상자가 나타나면 한자(肝膽相照)와 입력 형식(한글(漢字))을 선택한 후 [바꾸기] 단추를 클릭합니다.

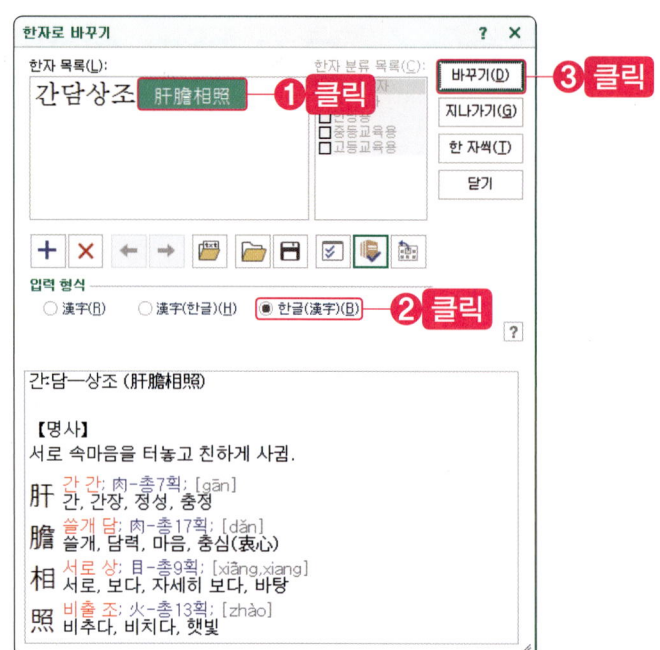

알아두면 실력튼튼

입력 형식

- 漢字 : 간담상조 → 肝膽相照
- 漢字(한글) : 간담상조 → 肝膽相照(간담상조)
- 한글(漢字) : 간담상조 → 간담상조(肝膽相照)

5 같은 방법으로 다음과 같이 한자를 입력합니다.

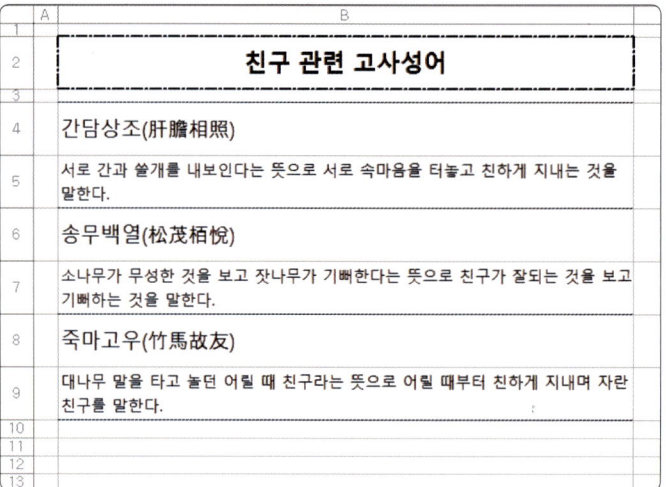

THEME 02 기호 입력하고 다른 이름으로 문서 저장하기

1 기호를 입력하기 위해 B2셀을 더블클릭한 후 '친구' 앞에 커서를 둔 다음 [입력] 탭에서 [문자표]의 ▼[목록] 단추를 클릭하고 [문자표]를 클릭합니다.

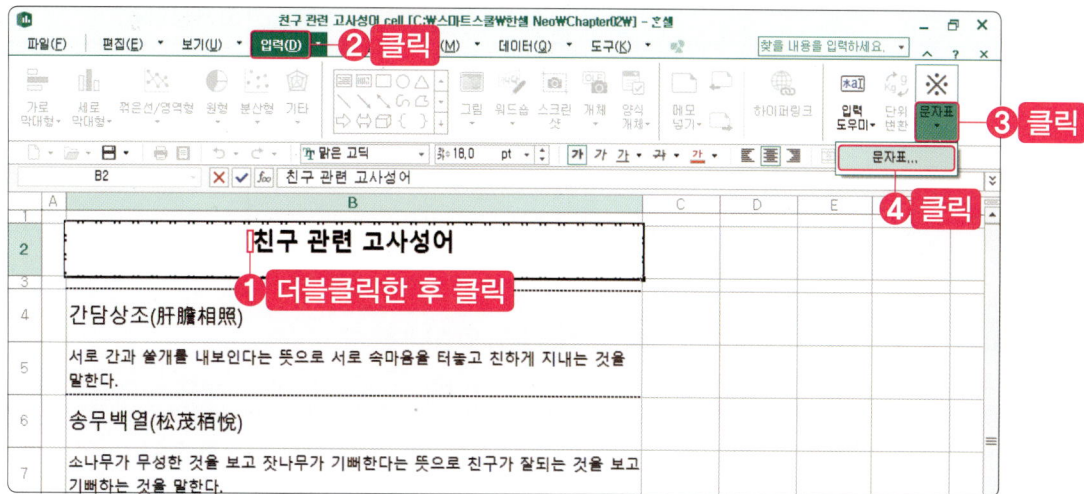

2 [문자표 입력] 대화상자가 나타나면 [한글(HNC) 문자표] 탭에서 문자 영역(전각 기호(일반))을 선택한 후 문자(◆)를 선택한 다음 [넣기] 단추를 클릭합니다.

3 같은 방법으로 다음과 같이 ◆ 기호를 입력합니다.

Chapter 02 – 한자와 기호 입력하기

④ 다른 이름으로 문서를 저장하기 위해 [파일] 탭에서 [다른 이름으로 저장하기]를 클릭합니다.

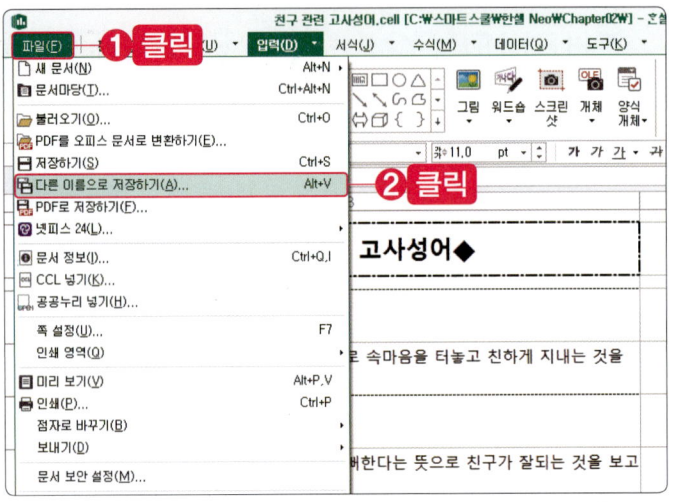

> **Tip**
> - Alt + V를 눌러 다른 이름으로 문서를 저장할 수도 있습니다.
> - 문서를 연 후 데이터를 수정한 다음 [파일] 탭에서 [저장하기]를 클릭하면 [다른 이름으로 저장하기] 대화상자가 나타나지 않고 기존 파일 이름으로 저장되는데요. [파일] 탭에서 [다른 이름으로 저장하기]를 클릭하면 기존 문서를 그대로 둔 상태에서 다른 파일 이름으로 문서를 하나 더 만들 수 있습니다.

⑤ [다른 이름으로 저장하기] 대화상자가 나타나면 위치(내 PC\문서)를 선택한 후 파일 이름(친구 관련 고사성어(완성))을 입력한 다음 [저장] 단추를 클릭합니다.

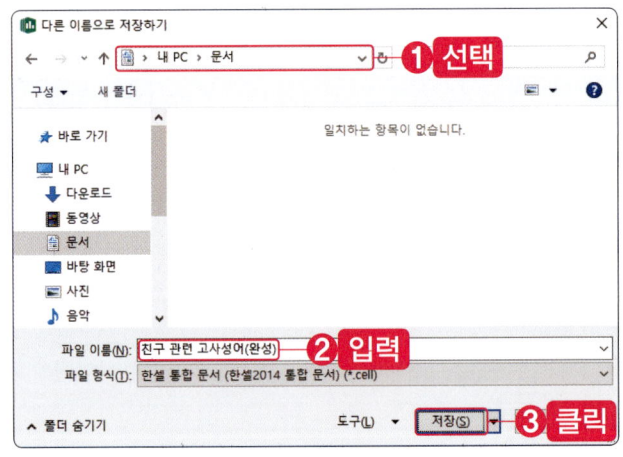

⑥ 다른 이름으로 문서가 저장됩니다.

알아두면 실력튼튼

날짜와 시간 입력하기

한셀에서 날짜는 '2018-1-5'와 같이 하이픈(-)이나 '2018/1/5'와 같이 슬래시(/)로 구분하여 입력하고, 시간은 '6:40'과 같이 콜론(:)으로 구분하여 입력하는데요. Ctrl + ; 을 누르면 현재 시스템 날짜가 입력되고, Ctrl + Shift + ; 을 누르면 현재 시스템 시간이 입력됩니다.

01 다음과 같이 '효도 관련 고사성어' 파일을 연 후 한자와 기호를 입력해 보세요.

- 한자 입력 : 망운지정 → 望雲之情(망운지정), 반포지효 → 反哺之孝(반포지효)
- 기호 입력 : ◎

	A	B	C
1			
2		◎효도 관련 고사성어◎	
3			
4			발표 날짜
5			발표 시간
6			
7		望雲之情(망운지정)	
8		구름을 바라보며 그리워한다는 뜻으로 자식이 객지에서 부모님을 그리워하는 마음을 말한다.	
9		反哺之孝(반포지효)	
10		까마귀 새끼가 자라서 어미에게 먹이를 물어다 주는 효성이라는 뜻으로 자식이 자라서 부모님을 봉양하는 효성을 말한다.	
11			
12			
13			

02 다음과 같이 발표 날짜와 발표 시간을 입력한 후 다른 이름으로 문서를 저장해 보세요.

- 다른 이름으로 문서 저장 : 위치(내 PC\문서), 파일 이름(효도 관련 고사성어(완성))

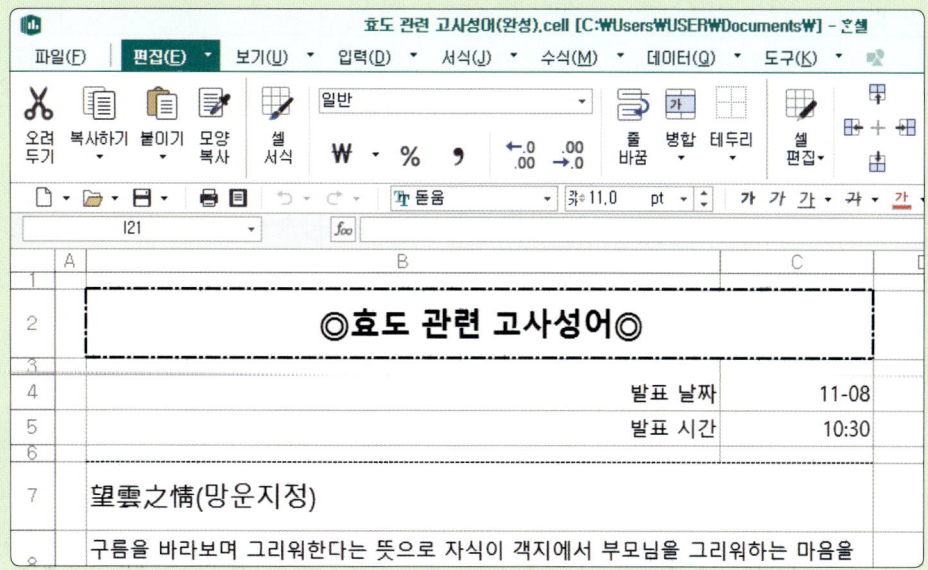

Hint
C4셀에 '11-8'을 입력하면 발표 날짜를 입력할 수 있고, C9셀에 '10:30'을 입력하면 발표 시간을 입력할 수 있습니다.

자동 채우기

Chapter 03

◆ 채우기 기능을 사용하는 방법에 대해 알아보겠습니다.
◆ 자동 채우기 핸들을 사용하는 방법에 대해 알아보겠습니다.

자동 채우기는 같은 데이터나 일정한 간격으로 증가 또는 감소하는 데이터를 일일이 입력하지 않고 한 번에 입력할 수 있는 기능인데요. 자동 채우기로 데이터를 입력하면 그 만큼 문서를 쉽고 빠르게 작성할 수 있습니다.

	A	B	C	D	E	F	G	H
1								
2		\multicolumn{6}{c}{2018}		
3								
4		\multicolumn{3}{c}{4}			\multicolumn{2}{c}{April}	
5								
6		일	월	화	수	목	금	토
7		1	2	3	4	5	6	7
8		8	9	10	11	12	13	14
9		15	16	17	18	19	20	21
10		22	23	24	25	26	27	28
11		29	30					

18 한셀 Neo

THEME 01 채우기 기능 사용하기

1 '달력' 파일을 연 후 B7:B11셀 범위를 선택한 다음 [편집] 탭에서 [채우기]를 클릭하고 [연속 데이터]를 클릭합니다.

Tip
한셀에서는 셀 범위를 표시할 때 'B7:B11'과 같이 콜론(:)을 사용하여 표시하는데요. B7:B11셀 범위를 선택하라는 것은 B7셀부터 B11셀까지 드래그하여 선택하라는 것입니다.

알아두면 실력튼튼

아래쪽/오른쪽/위쪽/왼쪽

셀 범위를 선택한 후 [편집] 탭에서 [채우기]를 클릭한 다음 [아래쪽]/[오른쪽]/[위쪽]/[왼쪽]을 클릭하면 선택한 셀 범위의 맨 위쪽/맨 왼쪽/맨 아래쪽/맨 오른쪽 셀에 있는 데이터가 선택한 셀 범위의 다른 셀에 입력되는데요. 다음은 B7:B11셀 범위를 선택한 후 [편집] 탭에서 [채우기]를 클릭한 다음 [아래쪽]을 클릭한 경우입니다.

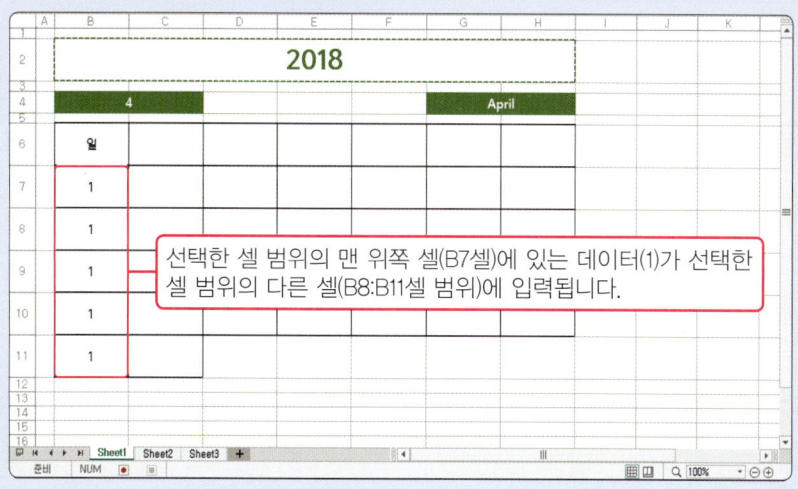

선택한 셀 범위의 맨 위쪽 셀(B7셀)에 있는 데이터(1)가 선택한 셀 범위의 다른 셀(B8:B11셀 범위)에 입력됩니다.

2 [연속 데이터] 대화상자가 나타나면 유형(선형)을 선택한 후 단계 값(7)을 입력한 다음 [확인] 단추를 클릭합니다.

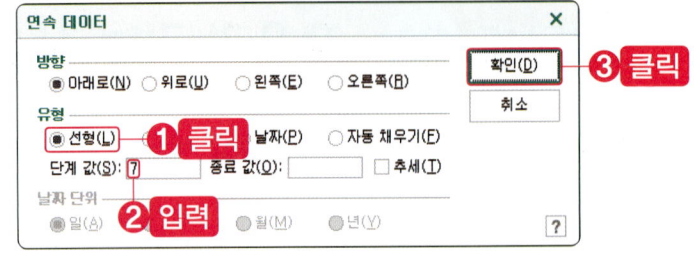

> TIP
> [선형]을 선택하면 단계 값을 더한 값이 입력되고, [급수]를 선택하면 단계 값을 곱한 값이 입력됩니다.

3 일요일에 해당하는 날짜(7씩 증가한 숫자)가 입력됩니다.

알아두면 실력튼튼

종료 값

[연속 데이터] 대화상자에서 [종료 값]을 입력하면 종료 값까지만 입력되는데요. 다음은 B7:B11셀 범위를 선택한 후 [연속 데이터] 대화상자에서 유형(선형)을 선택한 다음 단계 값(7)과 종료 값(25)을 입력한 경우입니다.

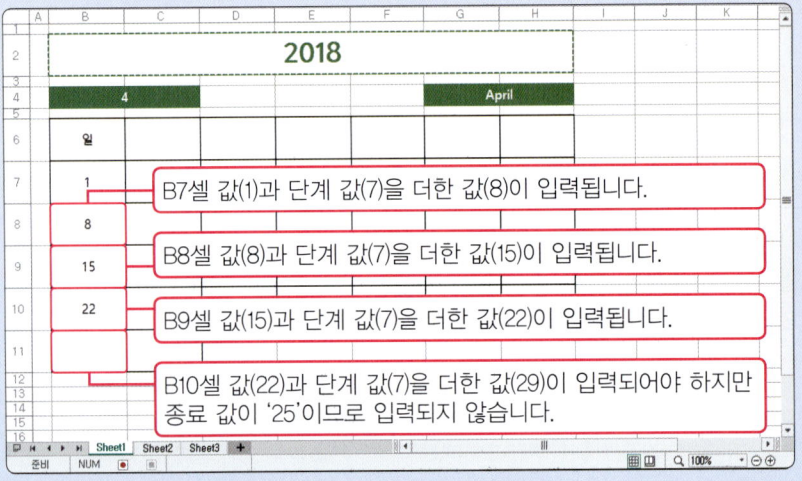

한 셀에 두 줄 이상 입력하기

다음과 같이 Alt + Enter 를 사용하면 원하는 곳에서 줄을 바꾸어 한 셀에 두 줄 이상 입력할 수 있습니다.

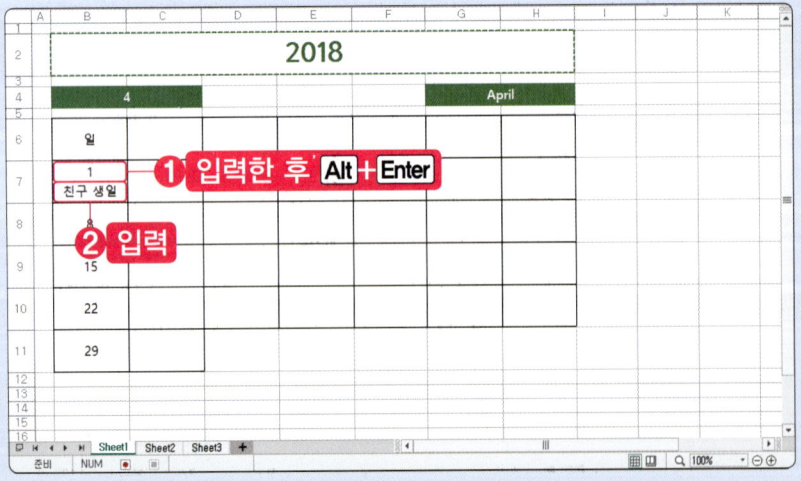

THEME 02 자동 채우기 핸들 사용하기

1 B6셀을 선택한 후 자동 채우기 핸들을 H6셀까지 드래그합니다.

> **Tip**
> 자동 채우기 핸들은 셀 포인터 오른쪽 아래에 있는 정사각형(　)을 말합니다.

2 요일이 입력되면 B7셀을 선택한 후 마우스 오른쪽 단추를 누른 상태에서 자동 채우기 핸들을 H7셀까지 드래그합니다. 그런 다음 자동 채우기 목록이 나타나면 [연속 데이터 채우기]를 클릭합니다.

알아두면 실력튼튼

사용자 정의 목록

'일'을 입력한 후 자동 채우기로 데이터를 입력하면 '월', '화', …가 입력되는데요. 이것은 '일', '월', '화', …가 사용자 정의 목록에 등록되어 있기 때문입니다. 사용자 정의 목록은 [도구] 탭에서 [환경 설정]을 클릭하면 나타나는 [환경 설정] 대화상자의 [사용자 정의 목록] 탭에서 확인할 수 있습니다.

3 첫째 주에 해당하는 날짜가 입력되면 B8셀을 선택한 후 Ctrl을 누른 상태에서 자동 채우기 핸들을 H8셀까지 드래그합니다.

4 둘째 주에 해당하는 날짜가 입력되면 같은 방법으로 다음과 같이 다른 날짜를 입력합니다.

알아두면 실력튼튼

자동 채우기 핸들을 사용하는 경우, 데이터에 따른 자동 채우기 결과

- 문자 : 같은 문자가 입력됩니다.
- 숫자 : 자동 채우기 핸들을 드래그하면 같은 숫자가 입력되고, Ctrl을 누른 상태에서 자동 채우기 핸들을 드래그하면 1씩 증가한 숫자가 입력됩니다.
- 문자와 숫자 조합 : 자동 채우기 핸들을 드래그하면 같은 문자와 1씩 증가한 숫자가 입력되고, Ctrl을 누른 상태에서 자동 채우기 핸들을 드래그하면 같은 문자와 같은 숫자가 입력됩니다.
- 날짜 : 자동 채우기 핸들을 드래그하면 1일씩 증가한 날짜가 입력되고, Ctrl을 누른 상태에서 자동 채우기 핸들을 드래그하면 같은 날짜가 입력됩니다.

01 다음과 같이 '식단표' 파일을 연 후 자동 채우기 핸들을 사용하여 요일을 입력해 보세요.

	요일	월요일	화요일	수요일	목요일	금요일
	날짜				06-01	
	점심				혼합잡곡밥 두부된장국 메추리알조림 사과무생채 배추김치	수수밥 비지찌개 폭찹 건새우마늘쫑볶음 깍두기
	간식				옥수수부추죽	브로콜리채소죽
	날짜	06-05				
	점심	혼합잡곡밥 닭개장 뱅어포구이 도라지나물 배추김치	옥수수밥 시금치된장국 떡사태찜 물미역무침 깍두기	친환경차조밥 유부장국 치킨까스/소스 양상추샐러드 배추김치	율무밥 조갯살콩나물국 고등어거지조림 감자야채볶음 백김치	친환경차조밥 참치김치찌개 장떡 취나물무침 깍두기
	간식	쇠고기죽	현미버섯죽	단팥죽	두부아욱죽	고구마죽

Hint C4셀을 선택한 후 자동 채우기 핸들을 G4셀까지 드래그하면 요일을 입력할 수 있습니다.

02 다음과 같이 채우기 기능을 사용하여 날짜를 입력해 보세요.

	요일	월요일	화요일	수요일	목요일	금요일
	날짜				06-01	06-02
	점심				혼합잡곡밥 두부된장국 메추리알조림 사과무생채 배추김치	수수밥 비지찌개 폭찹 건새우마늘쫑볶음 깍두기
	간식				옥수수부추죽	브로콜리채소죽
	날짜	06-05	06-06	06-07	06-08	06-09
	점심	혼합잡곡밥 닭개장 뱅어포구이 도라지나물 배추김치	옥수수밥 시금치된장국 떡사태찜 물미역무침 깍두기	친환경차조밥 유부장국 치킨까스/소스 양상추샐러드 배추김치	율무밥 조갯살콩나물국 고등어거지조림 감자야채볶음 백김치	친환경차조밥 참치김치찌개 장떡 취나물무침 깍두기
	간식	쇠고기죽	현미버섯죽	단팥죽	두부아욱죽	고구마죽

행/열 다루기

Chapter 04

◆ 행/열을 삽입하는 방법에 대해 알아보겠습니다.
◆ 행 높이와 열 너비를 변경하는 방법에 대해 알아보겠습니다.

한셀에서는 행/열을 삽입하거나 삭제할 수 있으며 행 높이와 열 너비를 변경할 수도 있는데요. 행/열을 삽입하면 문서 중간에 새로운 데이터를 추가할 수 있고, 행/열을 삭제하면 필요 없는 데이터를 지울 수 있습니다.

	A	B	C	D	E
1					
2		**태양에서 행성까지의 거리**			
3					
4		수성	5,800만km		
5		금성	1억 800만km		
6		지구	1억 5,000만km		
7		화성	2억 2,800만km		
8		목성	7억 7,800만km		
9		토성	14억 2,600만km		
10		천왕성	28억 7,100만km		
11		해왕성	45억 1,300만km		

THEME 01 행/열 삽입하기

1 '태양에서 행성까지의 거리' 파일을 연 후 행을 삽입하기 위해 5행 머리글을 선택한 다음 [편집] 탭에서 [위에 행 추가하기]를 클릭합니다.

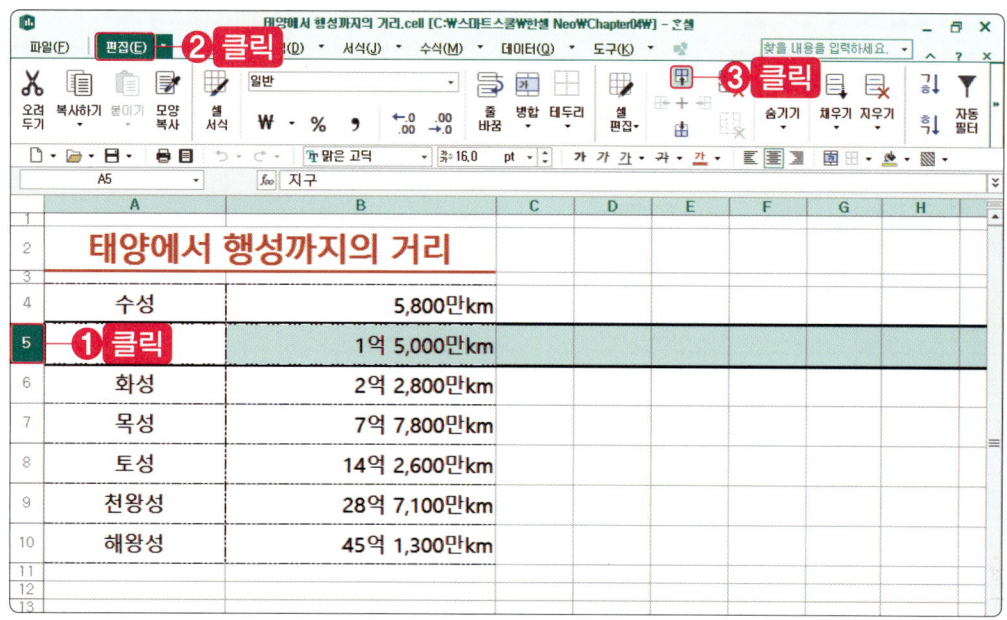

> **Tip**
> 행 머리글을 선택한 후 [편집] 탭에서 [위에 행 추가하기]를 클릭하면 선택한 행의 위쪽에 새로운 행이 삽입되고, [아래에 행 추가하기]를 클릭하면 선택한 행의 아래쪽에 새로운 행이 삽입됩니다.

알아두면 실력튼튼

행/열 선택하기
- 하나의 행/열 선택 : 행/열 머리글을 클릭합니다.
- 연속적인 행/열 선택 : 행/열 머리글을 드래그하거나 첫 번째 행/열 머리글을 선택한 후 Shift를 누른 상태에서 마지막 행/열 머리글을 선택합니다.
- 비연속적인 행/열 선택 : 행/열 머리글을 선택한 후 Ctrl을 누른 상태에서 다른 행/열 머리글을 선택합니다.

2 새로운 행이 삽입되면 다음과 같이 데이터를 입력합니다.

	A	B
2	태양에서 행성까지의 거리	
4	수성	5,800만km
5	금성	1억 800만km ① 입력
6	지구	1억 5,000만km
7	화성	2억 2,800만km
8	목성	7억 7,800만km
9	토성	14억 2,600만km
10	천왕성	28억 7,100만km
11	해왕성	45억 1,300만km

3 열을 삽입하기 위해 A열 머리글을 선택한 후 [편집] 탭에서 [왼쪽에 열 추가하기]를 클릭합니다.

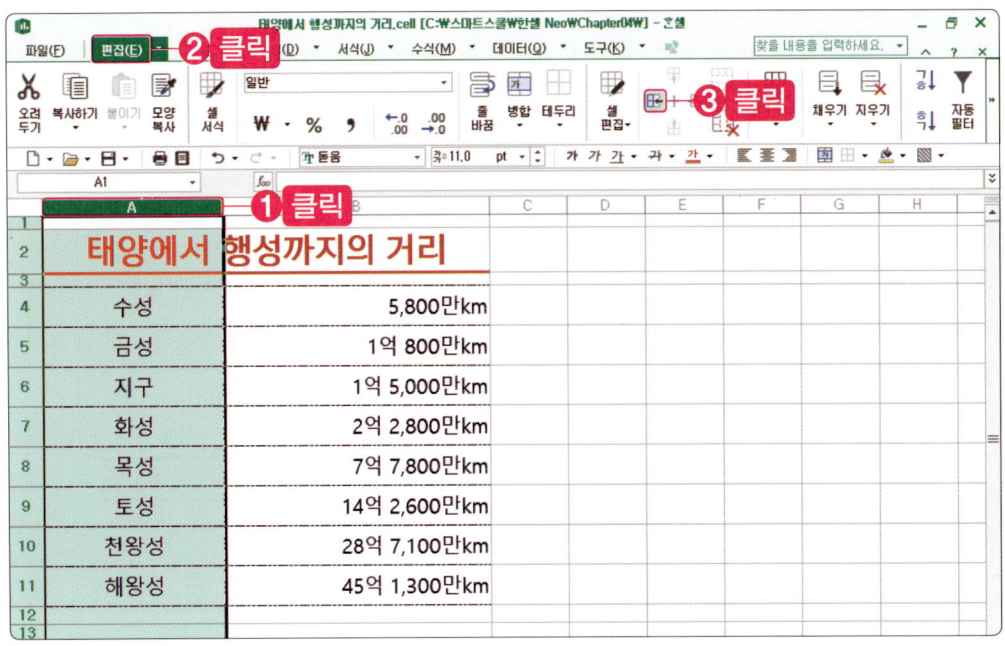

> **Tip**
> 열 머리글을 선택한 후 [편집] 탭에서 [왼쪽에 열 추가하기]를 클릭하면 선택한 열의 왼쪽에 새로운 열이 삽입되고, [오른쪽에 열 추가하기]를 클릭하면 선택한 열의 오른쪽에 새로운 열이 삽입됩니다.

4 다음과 같이 새로운 열이 삽입됩니다.

알아두면 실력튼튼

행/열 삭제하기

행 머리글을 선택한 후 [편집] 탭에서 [행 지우기]를 클릭하면 행을 삭제할 수 있고, 열 머리글을 선택한 후 [편집] 탭에서 [열 지우기]를 클릭하면 열을 삭제할 수 있습니다.

THEME 02 행 높이와 열 너비 변경하기

1 행 높이를 변경하기 위해 2행 머리글을 선택한 후 [서식] 탭에서 [행 높이]를 클릭한 다음 [행 높이 지정]을 클릭합니다.

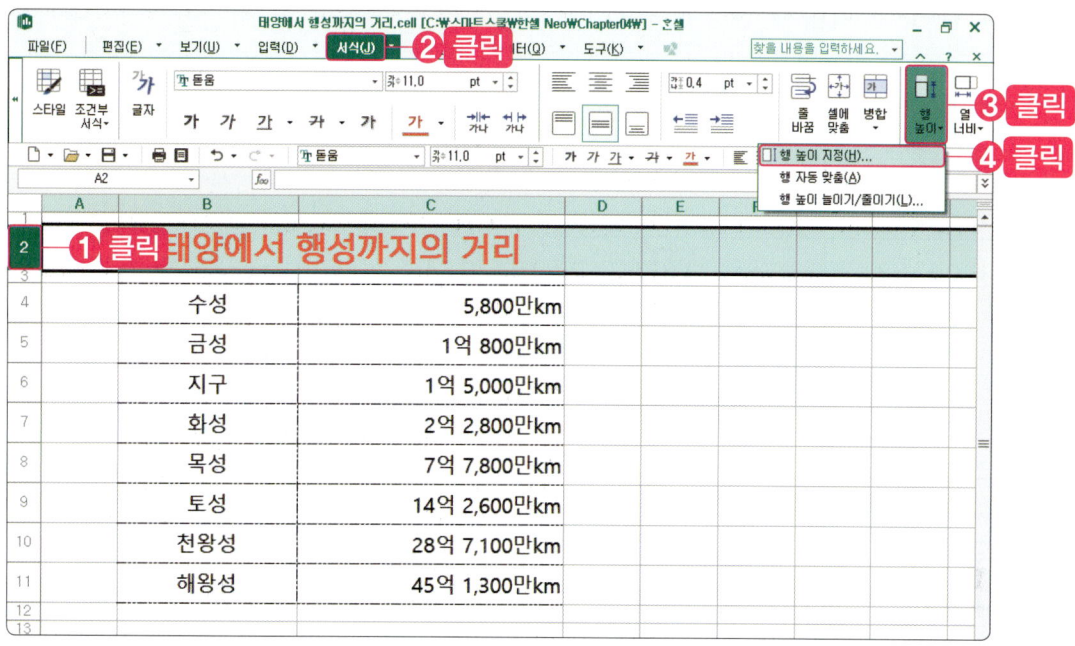

2 [행 높이] 대화상자가 나타나면 행 높이(45)를 입력한 후 [설정] 단추를 클릭합니다.

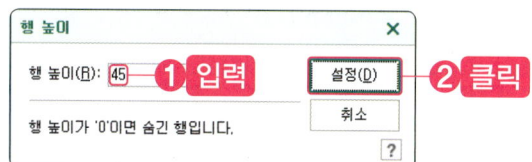

3 행 높이가 변경되면 열 너비를 변경하기 위해 A열 머리글을 선택한 후 [서식] 탭에서 [열 너비]를 클릭한 다음 [열 너비 지정]을 클릭합니다.

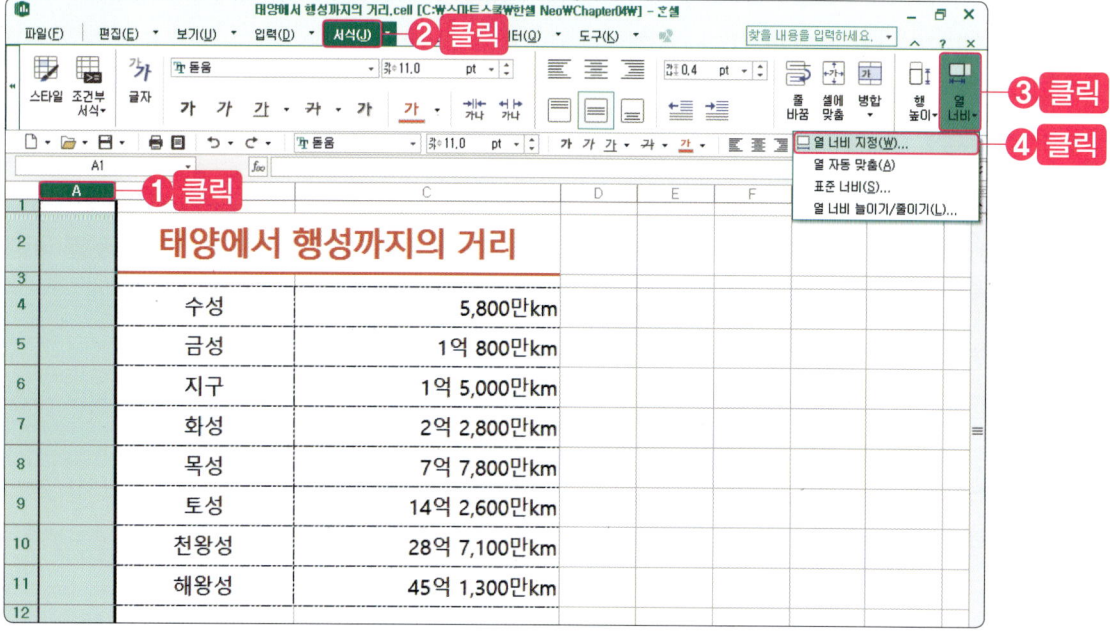

4 [열 너비] 대화상자가 나타나면 열 너비(2)를 입력한 후 [설정] 단추를 클릭합니다.

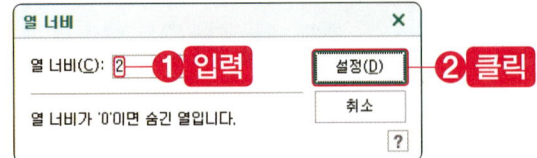

5 다음과 같이 열 너비가 변경됩니다.

알아두면 실력튼튼

행 높이를 변경하는 다른 방법

- **방법1** : 행 머리글의 경계선을 드래그합니다. 행 머리글의 경계선으로 마우스 포인터를 가져가면 마우스 포인터가 모양으로 변경됩니다.

- **방법2** : 행 머리글의 경계선을 더블클릭하거나 행 머리글을 선택한 후 [서식] 탭에서 [행 높이]를 클릭한 다음 [행 자동 맞춤]을 클릭합니다. 이 방법을 사용하면 행 높이가 데이터에 맞게 변경됩니다.

열 너비를 변경하는 다른 방법

- **방법1** : 열 머리글의 경계선을 드래그합니다. 열 머리글의 경계선으로 마우스 포인터를 가져가면 마우스 포인터가 모양으로 변경됩니다.

- **방법2** : 열 머리글의 경계선을 더블클릭하거나 열 머리글을 선택한 후 [서식] 탭에서 [열 너비]를 클릭한 다음 [열 자동 맞춤]을 클릭합니다. 이 방법을 사용하면 열 너비가 데이터에 맞게 변경됩니다.

01 다음과 같이 '지구에서 태양까지 가는 데 걸리는 시간' 파일을 연 후 행을 삭제한 다음 열을 삽입해 보세요.

- 행 삭제 : 6행
- 열 삽입 : A열 왼쪽에 삽입

Hint
6행 머리글을 선택한 후 [편집] 탭에서 [행 지우기]를 클릭하면 행을 삭제할 수 있고, A열 머리글을 선택한 후 [편집] 탭에서 [왼쪽에 열 추가하기]를 클릭하면 열을 삽입할 수 있습니다.

02 다음과 같이 행 높이와 열 너비를 변경해 보세요.

- 행 높이 변경 : 4:7행(30)
- 열 너비 변경 : A열(2)

시트 다루기

Chapter 05

◆ 시트 이름을 바꾸고 시트를 복사하는 방법에 대해 알아보겠습니다.
◆ 시트를 삭제하는 방법에 대해 알아보겠습니다.

문서를 작성하다 보면 시트가 더 필요하여 시트를 삽입해야 하거나 필요 없는 시트를 삭제해야 하는 경우가 있는데요. 한셀에서는 시트 이름을 바꿀 수 있을 뿐만 아니라 시트를 복사하거나 이동할 수 있으며 삽입하거나 삭제할 수도 있습니다.

	국내	국외
	과학자	
	국내	국외
	석주명	노벨
	강대원	뉴턴
	김진석	다윈
	박홍석	라이트 형제
	우장춘	아인슈타인
	이승재	에디슨
	이휘소	퀴리

국내외 과학자

THEME 01 시트 이름 바꾸고 시트 복사하기

1 '국내외 과학자' 파일을 연 후 시트 이름을 바꾸기 위해 시트 탭에서 [Sheet1] 시트를 선택한 다음 [서식] 탭의 [목록] 단추를 클릭하고 [시트]-[이름 바꾸기]를 클릭합니다.

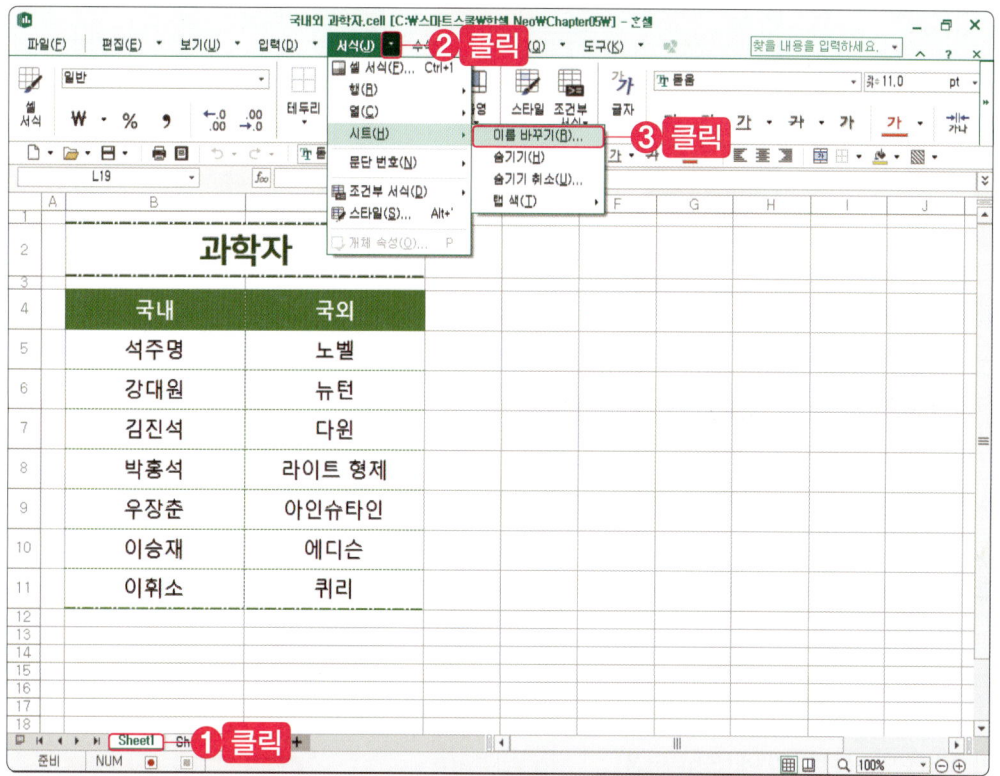

> **Tip**
> 시트 탭에서 시트를 더블클릭하거나 시트의 바로 가기 메뉴에서 [이름 바꾸기]를 클릭하여 시트 이름을 바꿀 수도 있습니다.

알아두면 실력튼튼

시트 선택하기

- 하나의 시트 선택 : 시트 탭에서 시트를 클릭합니다.
- 연속적인 시트 선택 : 시트 탭에서 첫 번째 시트를 선택한 후 Shift 를 누른 상태에서 마지막 시트를 선택합니다.
- 비연속적인 시트 선택 : 시트 탭에서 시트를 선택한 후 Ctrl 을 누른 상태에서 다른 시트를 선택합니다.

2 [시트 이름 바꾸기] 대화상자가 나타나면 이름(국내외 과학자)을 입력한 후 [설정] 단추를 클릭합니다.

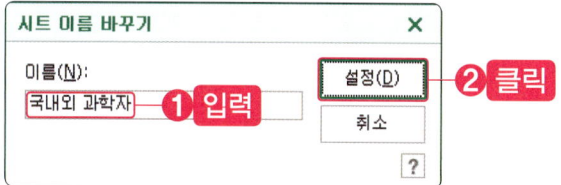

3 시트를 복사하기 위해 시트 탭에서 [국내외 과학자] 시트를 선택한 후 [편집] 탭의 [목록] 단추를 클릭한 다음 [시트 이동/복사]를 클릭합니다.

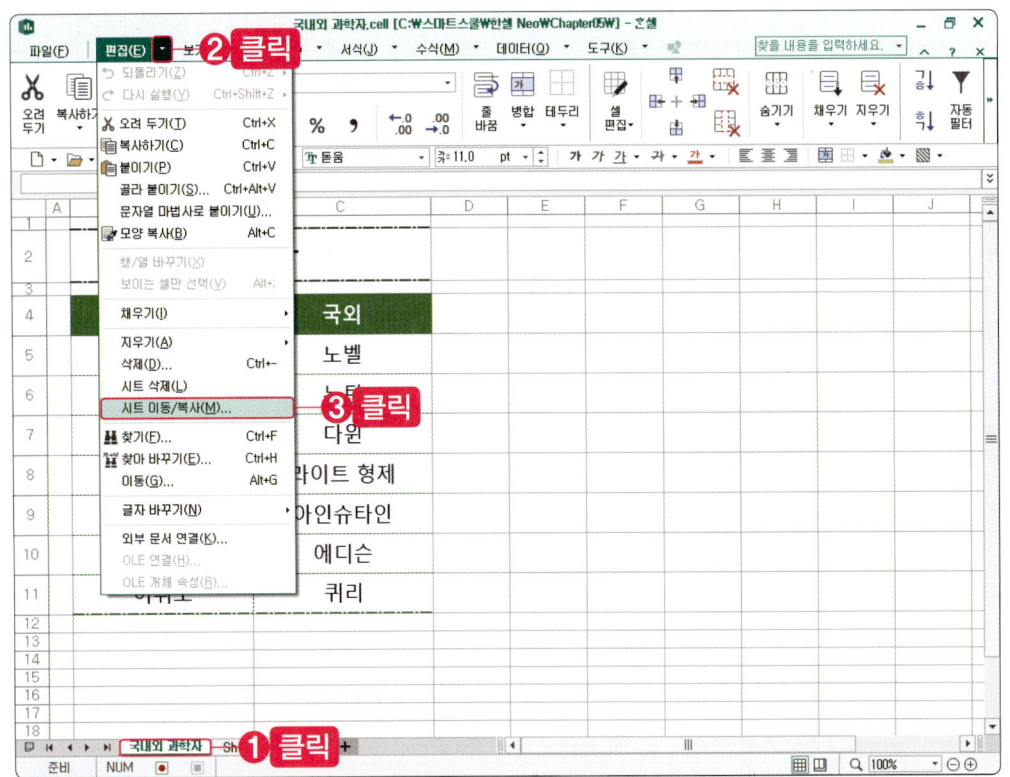

4 [시트 이동/복사] 대화상자가 나타나면 다음의 시트 앞에(Sheet3)를 선택한 후 [복사]를 선택한 다음 [확인] 단추를 클릭합니다.

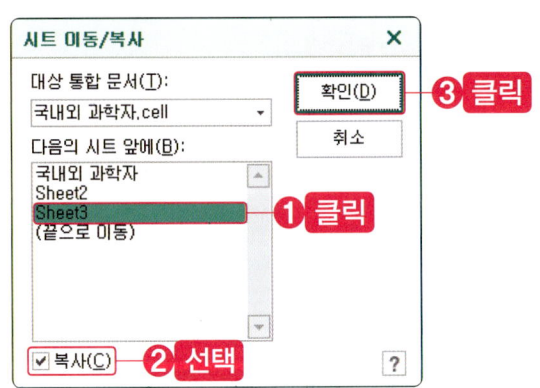

> **Tip**
> [복사]를 선택 해제하면 시트가 이동되고, [복사]를 선택하면 시트가 복사됩니다.

5 다음과 같이 시트가 복사됩니다.

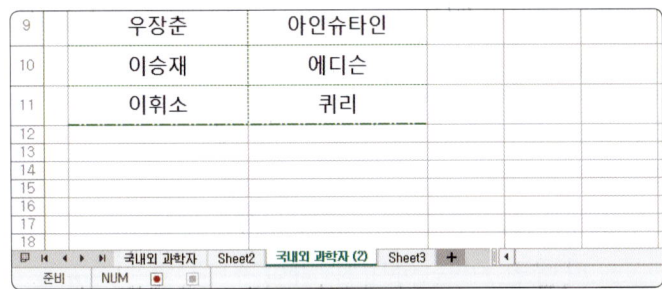

알아두면 실력튼튼

시트를 이동/복사하는 다른 방법

시트 탭에서 시트를 드래그하면 시트가 이동되고, Ctrl 을 누른 상태에서 시트를 드래그하면 시트가 복사됩니다.

THEME 02 시트 삭제하기

1 시트 탭에서 [국내외 과학자 (2)] 시트를 선택한 후 [편집] 탭의 ▾[목록] 단추를 클릭한 다음 [시트 삭제]를 클릭합니다.

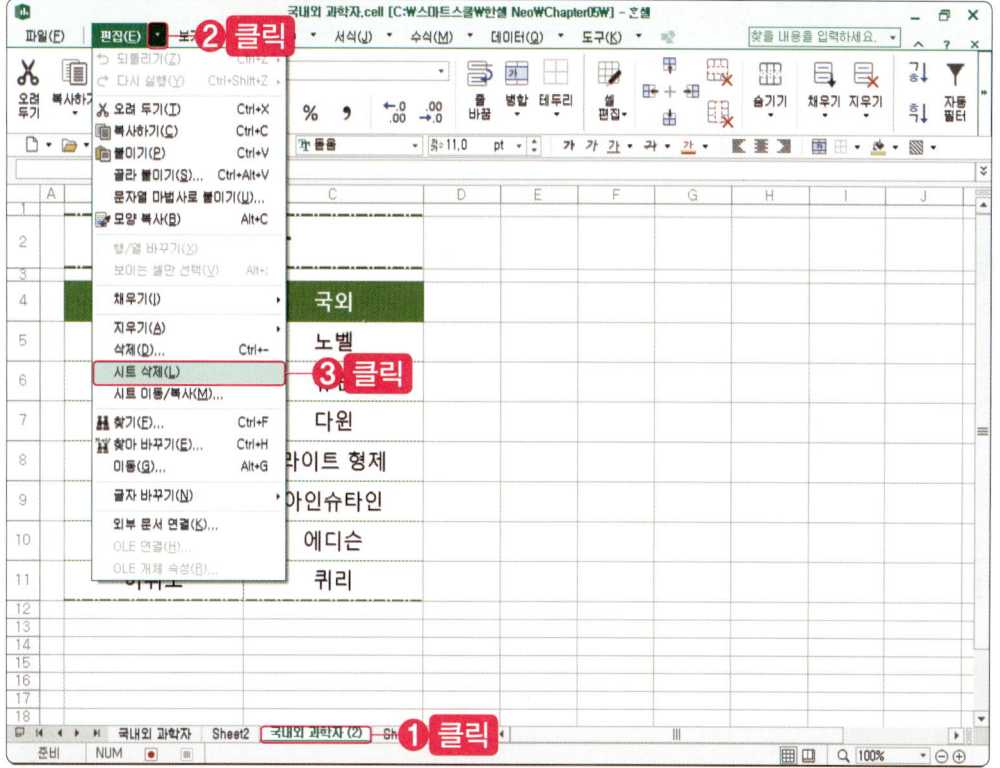

2 '선택한 시트를 완전히 삭제할까요?'라고 묻는 대화상자가 나타나면 [삭제] 단추를 클릭합니다.

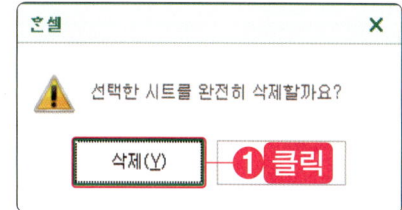

> **Tip**
> 데이터가 없는 시트를 삭제하면 '선택한 시트를 완전히 삭제할까요?'라고 묻는 대화상자가 나타나지 않습니다.

3 같은 방법으로 다음과 같이 시트를 삭제합니다.

알아두면 실력톤톤

시트 삽입하기

- **방법1** : 시트 탭에서 시트를 선택한 후 [입력] 탭의 ▼[목록] 단추를 클릭한 다음 [시트 삽입]을 클릭하거나 Alt + Shift + F1 을 누릅니다. 새로운 시트는 선택한 시트의 앞에 삽입됩니다.

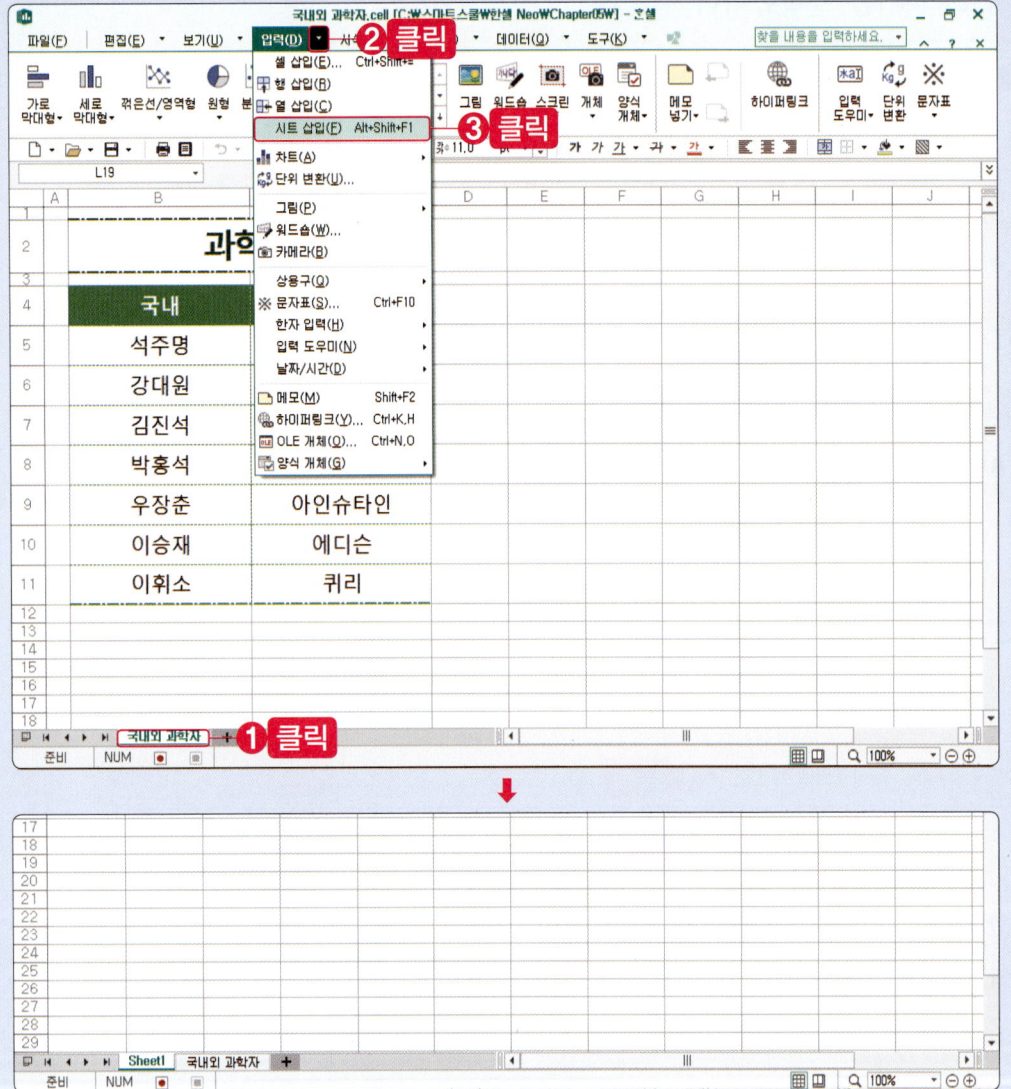

- **방법2** : 시트 탭에서 ➕[시트 삽입]을 클릭합니다. 새로운 시트는 맨 끝에 삽입됩니다.

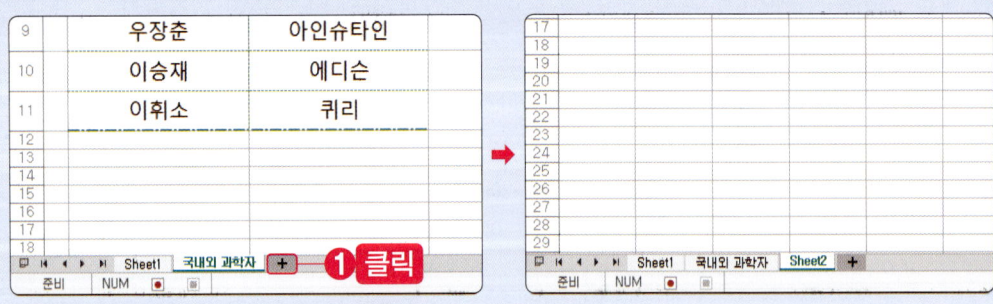

01 다음과 같이 '과학과 과학자' 파일을 연 후 시트 이름을 바꾼 다음 시트를 이동해 보세요.

- **시트 이름 바꾸기** : Sheet1 → 과학과 과학자
- **시트 이동** : [과학과 과학자] 시트를 [Sheet3] 시트 뒤로 이동

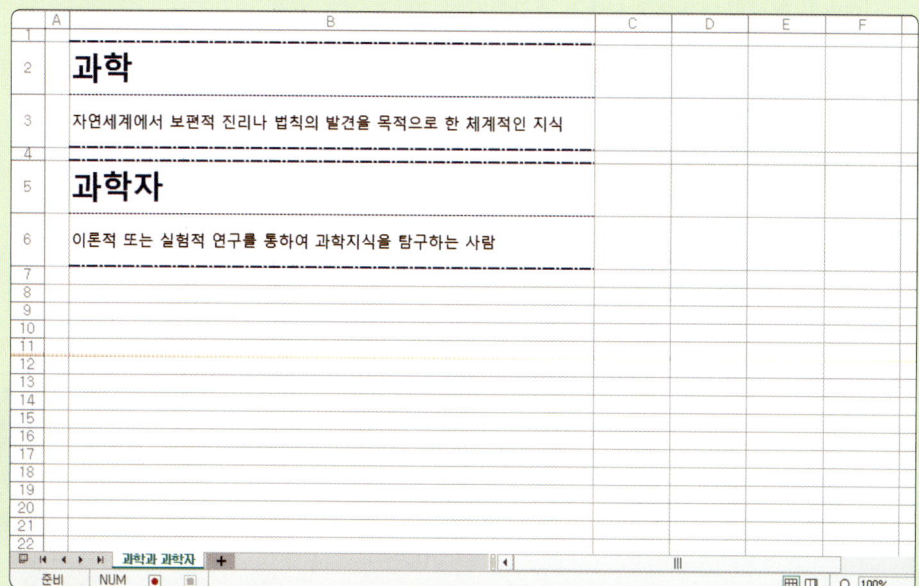

02 다음과 같이 시트를 삭제해 보세요.

- **시트 삭제** : [Sheet2] 시트, [Sheet3] 시트

글자와 맞춤 서식 지정하기

Chapter 06

◆ 글자 서식을 지정하는 방법에 대해 알아보겠습니다.
◆ 맞춤 서식을 지정하는 방법에 대해 알아보겠습니다.

셀 서식은 셀과 셀에 입력한 데이터를 원하는 모양으로 변경할 수 있는 기능으로 글자 서식, 맞춤 서식, 테두리 서식, 채우기 서식, 표시 형식이 있는데요. 글자 서식을 지정하면 글자 모양을 원하는 모양으로 변경할 수 있고, 맞춤 서식을 지정하면 글자를 셀의 원하는 위치에 맞추어 입력할 수 있습니다.

	A	B	C	D	E
1					
2			꽃 사전 만들기		
3					
4		순서	내용		
5		1	주제 정하기		
6			꽃의 종류나 색깔 등 꽃 사전을 만들 주제를 정한다.		
7		2	구상하기		
8			어떠한 형식과 내용으로 만들지 생각한다.		
9		3	자료 모으기		
10			직접 관찰하거나 식물 도감 등을 이용하여 조사한다.		
11		4	내용 구성하기		
12			그림이나 사진 등을 적당한 위치에 배치하고 내용을 써 넣는다.		
13		5	책 만들기		
14			내용을 구성한 종이를 엮어 책 모양으로 만든다.		
15					

한셀 Neo

THEME 01 글자 서식 지정하기

1 '꽃 사전 만들기' 파일을 연 후 B2 셀을 선택한 다음 [서식] 탭의 ▼[목록] 단추를 클릭하고 [셀 서식]을 클릭합니다.

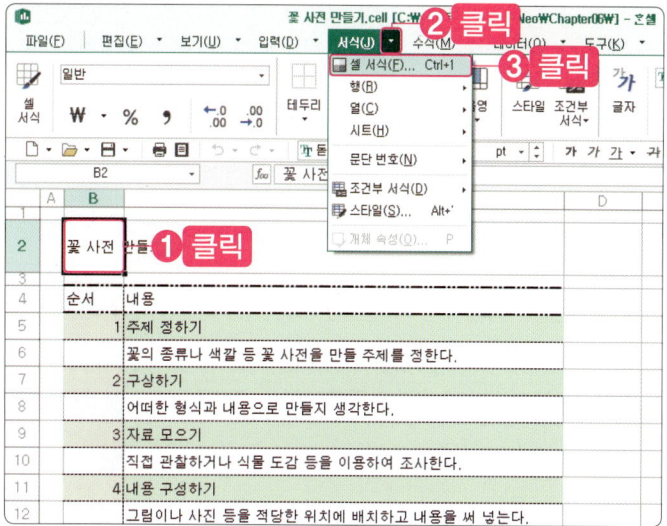

2 [셀 서식] 대화상자가 나타나면 [글자 기본] 탭에서 글꼴(HY강B)을 선택한 후 기준 크기(28)를 입력합니다. 그런 다음 가[기울임]을 클릭한 후 글자 색(멜론색)을 선택한 다음 [설정] 단추를 클릭합니다.

> **Tip**
> [글자 색]의 ▼[목록] 단추를 클릭한 후 ▶[색상 테마]로 마우스 포인터를 가져가면 기본, 오피스, 잔상 등의 색상 테마를 선택할 수 있는데요. 멜론색은 기본 색상 테마에 있습니다.

3 B4:C4셀 범위를 선택한 후 [서식] 탭에서 가[진하게]를 클릭합니다.

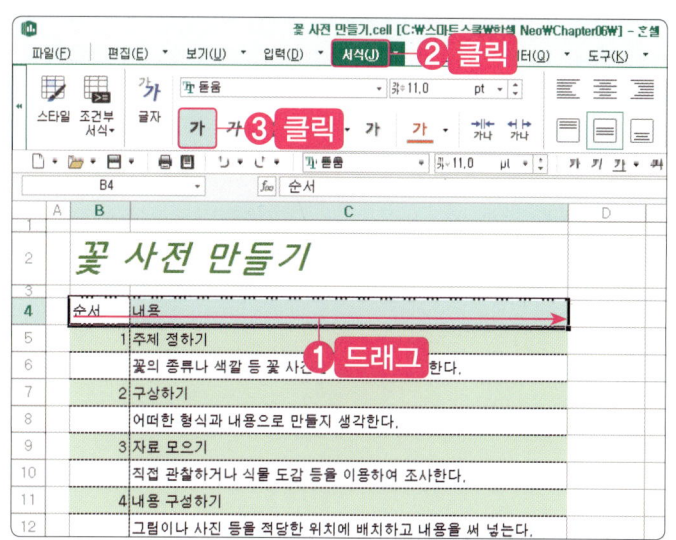

Chapter 06 – 글자와 맞춤 서식 지정하기 **37**

4 다음과 같이 글자 서식이 지정됩니다.

알아두면 실력튼튼

기본 도구 상자에 있는 글자 서식 도구

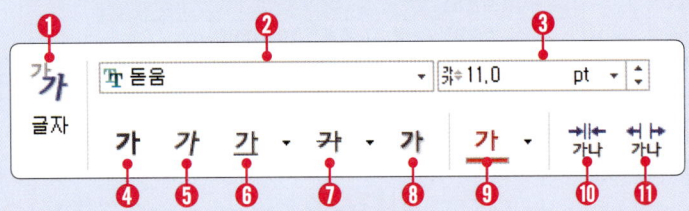

❶ 글자 기본 : [셀 서식] 대화상자의 [글자 기본] 탭이 나타납니다.
❷ 글꼴 : 글자의 모양을 지정합니다.
❸ 글자 크기 : 글자의 크기를 지정합니다.
❹ 진하게 : 글자를 굵게 표시합니다.
❺ 기울임 : 글자를 오른쪽으로 기울여서 표시합니다.
❻ 밑줄 : 글자 아래에 선을 긋습니다.
❼ 취소선 : 글자 중간에 선을 긋습니다.
❽ 그림자 : 글자에 그림자를 표시합니다.
❾ 글자 색 : 글자의 색을 지정합니다.
❿ 자간 좁게 : 글자 사이의 간격을 줄입니다.
⓫ 자간 넓게 : 글자 사이의 간격을 늘입니다.

THEME 02 맞춤 서식 지정하기

1 B2:C2셀 범위를 선택한 후 [서식] 탭에서 [병합]의 ▼[목록] 단추를 클릭한 다음 [병합하고 가운데 맞춤]을 클릭합니다.

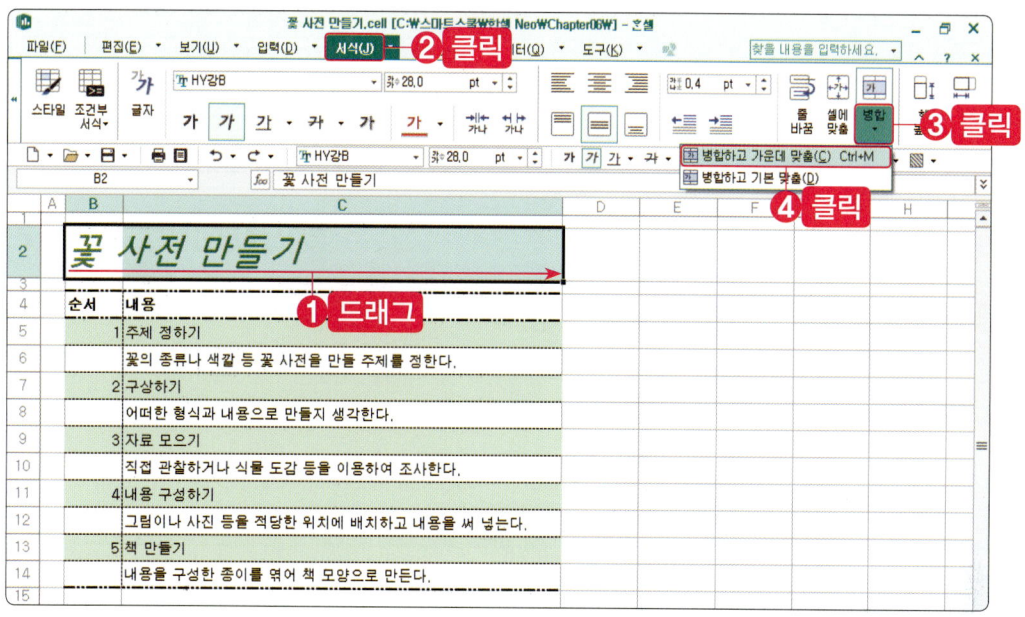

> **Tip**
> 병합은 선택한 셀들을 합쳐서 하나의 셀로 만드는 것을 말하는데요. [병합하고 가운데 맞춤]은 선택한 셀들을 병합한 후 가로 방향으로 병합된 셀의 가운데에 맞추어 글자를 표시합니다.

2 B4:C4셀 범위와 B5:B14셀 범위를 선택한 후 [서식] 탭에서 ≡[가운데 정렬]을 클릭합니다.

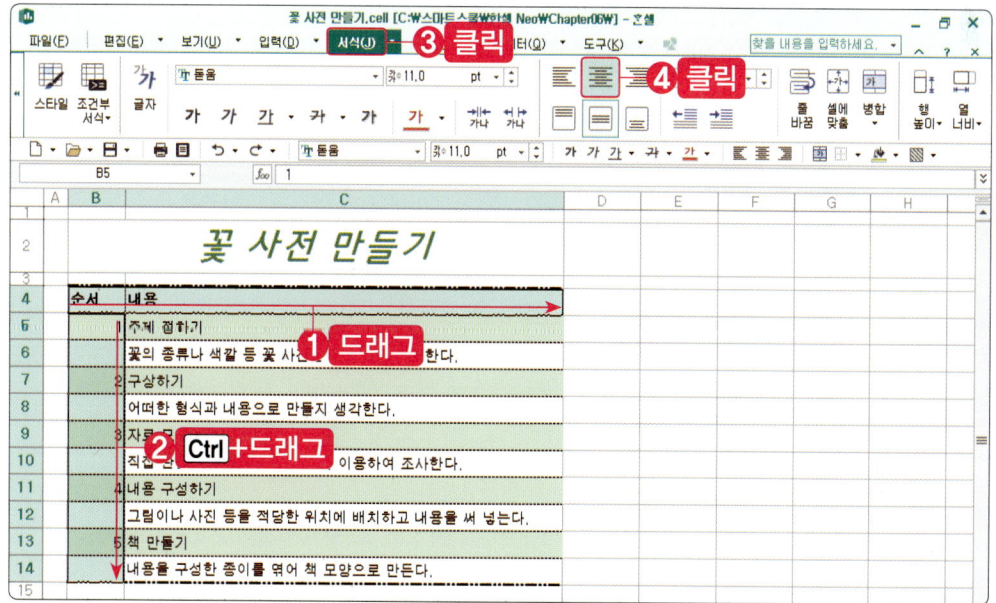

> **Tip**
> ≡[가운데 정렬]은 가로 방향으로 셀의 가운데에 맞추어 글자를 표시합니다.

Chapter 06 – 글자와 맞춤 서식 지정하기 **39**

3 다음과 같이 맞춤 서식이 지정됩니다.

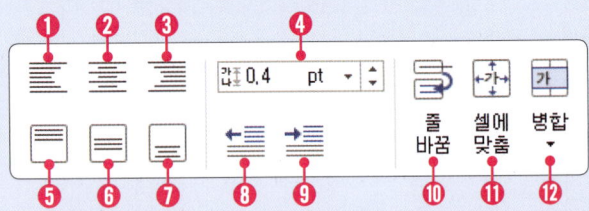

알아두면 실력튼튼

기본 도구 상자에 있는 맞춤 서식 도구

❶ **왼쪽 정렬** : 셀의 왼쪽에 맞추어 글자를 표시합니다.
❷ **가운데 정렬** : 가로 방향으로 셀의 가운데에 맞추어 글자를 표시합니다.
❸ **오른쪽 정렬** : 셀의 오른쪽에 맞추어 글자를 표시합니다.
❹ **줄 간격** : 줄 사이의 간격을 지정합니다.
❺ **위쪽 맞춤** : 셀의 위쪽에 맞추어 글자를 표시합니다.
❻ **가운데 맞춤** : 세로 방향으로 셀의 가운데에 맞추어 글자를 표시합니다.
❼ **아래쪽 맞춤** : 셀의 아래쪽에 맞추어 글자를 표시합니다.
❽ **여백 줄이기** : 셀의 왼쪽 테두리와 글자 사이의 여백을 줄입니다.
❾ **여백 늘이기** : 셀의 왼쪽 테두리와 글자 사이의 여백을 늘입니다.
❿ **줄 바꿈** : 데이터의 길이가 셀 너비보다 긴 경우, 셀 너비에 맞게 줄을 바꾸어 데이터를 표시합니다.
⓫ **셀에 맞춤** : 데이터의 길이가 셀 너비보다 긴 경우, 셀 너비에 맞게 글자의 크기를 줄여 데이터를 표시합니다.

⓬ **병합** : 선택한 셀들을 합쳐서 하나의 셀로 만듭니다.

01 다음과 같이 '씨가 퍼지는 방법' 파일을 연 후 글자 서식을 지정해 보세요.

- B2셀 : 글꼴(HY수평선M), 글자 크기(28), 가[기울임], 글자 색(루비색)
- B4:C8셀 범위 : 글꼴(맑은 고딕), 글자 크기(14)
- B4:B8셀 범위 : 가[진하게]

	A	B	C	D
1				
2		씨가 퍼지는 방법		
3				
4		동물에 먹혀서	복숭아, 수박, 도토리	
5		바람에 날려서	단풍나무, 민들레	
6		물에 떠서	야자나무	
7		동물 몸에 붙어서	가막사리, 도꼬마리, 도깨비바늘	
8		스스로 터져서	강낭콩, 봉숭아	
9				
10				

02 다음과 같이 맞춤 서식을 지정해 보세요.

- B2:C2셀 범위 : [병합하고 가운데 맞춤]
- B4:C8셀 범위 : 를[가운데 정렬]

	A	B	C	D
1				
2		씨가 퍼지는 방법		
3				
4		동물에 먹혀서	복숭아, 수박, 도토리	
5		바람에 날려서	단풍나무, 민들레	
6		물에 떠서	야자나무	
7		동물 몸에 붙어서	가막사리, 도꼬마리, 도깨비바늘	
8		스스로 터져서	강낭콩, 봉숭아	
9				
10				

Chapter 06 - 글자와 맞춤 서식 지정하기

테두리와 채우기 서식 지정하고 표시 형식 지정하기

Chapter 07

◆ 테두리와 채우기 서식을 지정하는 방법에 대해 알아보겠습니다.
◆ 표시 형식을 지정하는 방법에 대해 알아보겠습니다.

테두리 서식을 지정하면 셀의 테두리에 선을 넣을 수 있고, 채우기 서식을 지정하면 셀에 채우기 색을 넣을 수 있으며 표시 형식을 지정하면 숫자, 날짜, 시간 등을 원하는 형식으로 나타낼 수 있습니다.

	A	B	C	D	E
1					
2		나니아 연대기 시리즈			
3					
4		영화명	스크린수	상영횟수	관객수
5		나니아 연대기:사자, 마녀 그리고 옷장	930	29,603	217만 명
6		나니아 연대기:캐스피언 왕자	1,316	42,762	147만 명
7		나니아 연대기:새벽 출정호의 항해	1,085	33,290	117만 명

42 한셀 Neo

THEME 01 · 테두리와 채우기 서식 지정하기

1 '나니아 연대기 시리즈' 파일을 연 후 테두리 서식을 지정하기 위해 B4:E7셀 범위를 선택한 다음 [서식] 탭의 ▼[목록] 단추를 클릭하고 [셀 서식]을 클릭합니다.

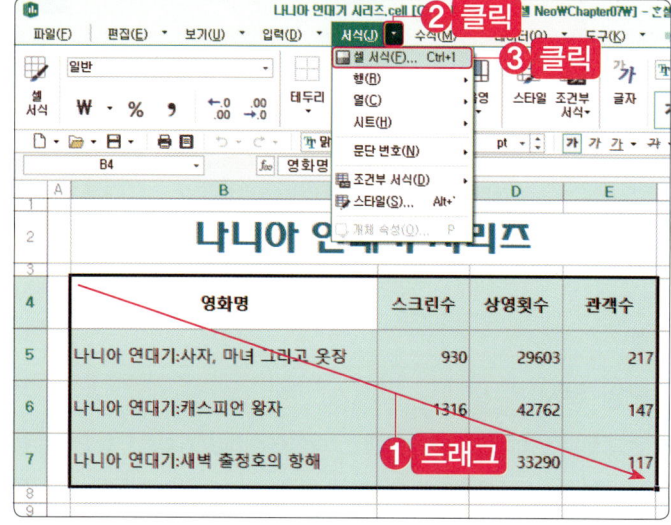

2 [셀 서식] 대화상자가 나타나면 [테두리] 탭에서 테두리 색(에메랄드 블루)을 선택한 후 테두리 종류(━)를 선택한 다음 [위]와 [아래]를 클릭합니다. 그런 다음 테두리 종류(┄)를 선택한 후 [안쪽]을 클릭한 다음 [설정] 단추를 클릭합니다.

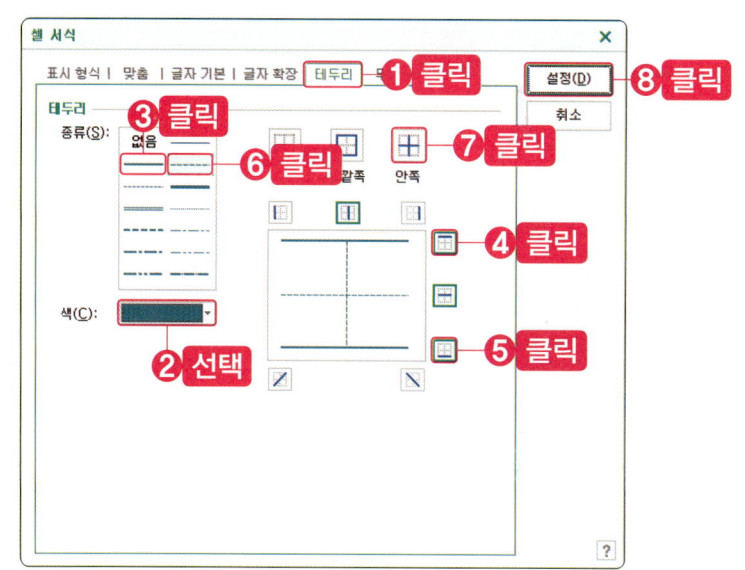

3 테두리 서식이 지정되면 채우기 서식을 지정하기 위해 B4:E4셀 범위를 선택한 후 [서식] 탭에서 [채우기]의 ▼[목록] 난추를 클릭한 다음 [에메랄드 블루 20% 밝게]를 클릭합니다.

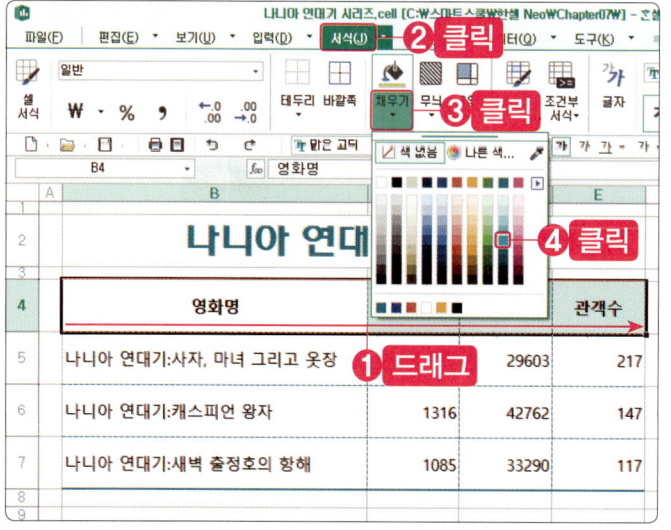

Chapter 07 – 테두리와 채우기 서식 지정하고 표시 형식 지정하기 **43**

4 다음과 같이 채우기 서식이 지정됩니다.

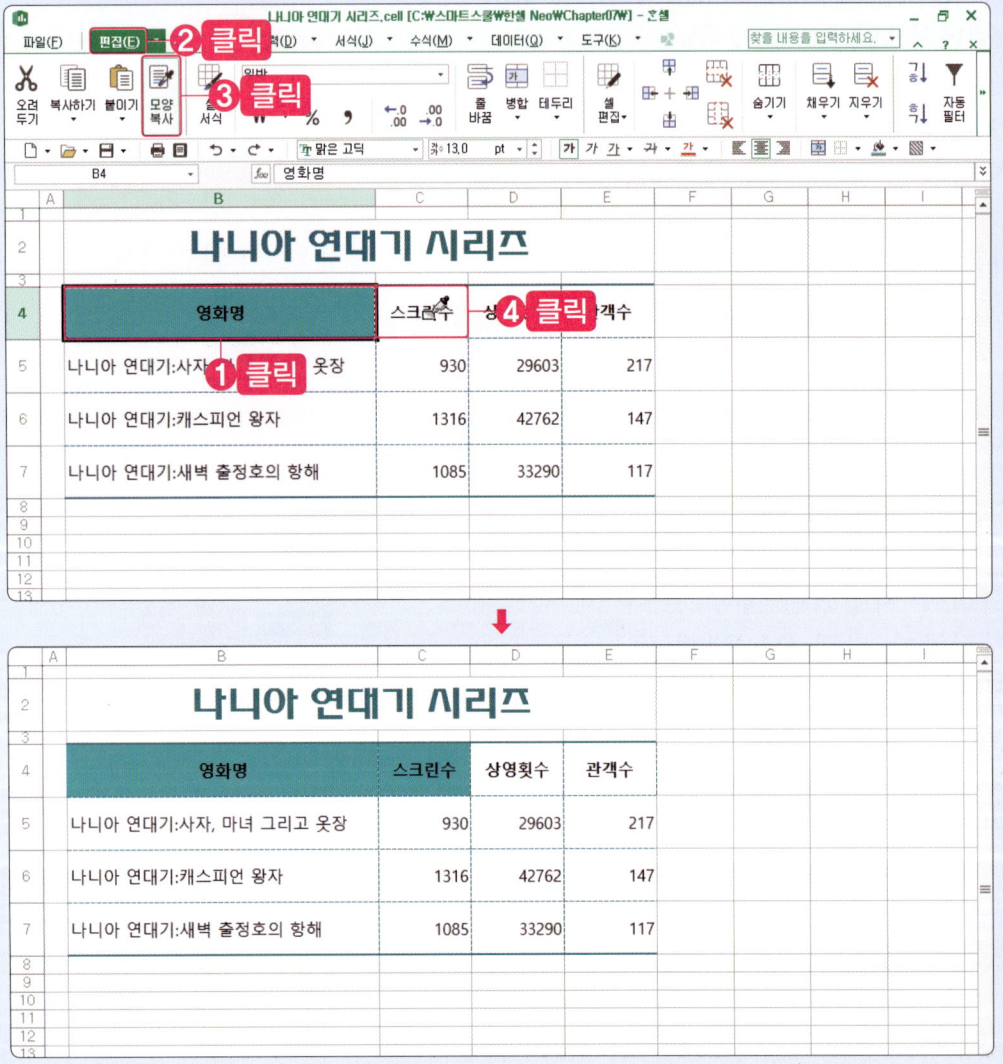

알아두면 실력튼튼

모양 복사

다음과 같이 셀을 선택한 후 [편집] 탭에서 [모양 복사]를 클릭한 다음 다른 셀을 클릭하면 선택한 셀에 지정된 서식을 복사하여 다른 셀에 지정할 수 있는데요. 셀을 선택한 후 [편집] 탭에서 [모양 복사]를 클릭하면 모양 복사를 한 번만 할 수 있고, [모양 복사]를 더블클릭하면 모양 복사를 Esc를 눌러 해제할 때까지 할 수 있습니다.

THEME 02 표시 형식 지정하기

1 C5:D7셀 범위를 선택한 후 [서식] 탭에서 [쉼표 스타일]을 클릭합니다.

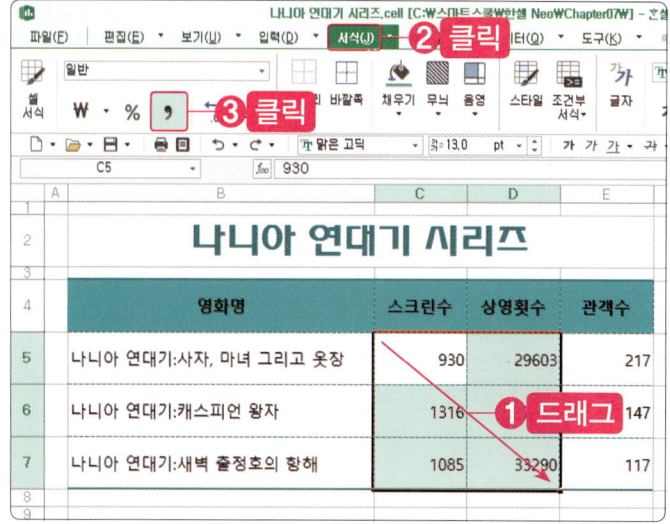

2 E5:E7셀 범위를 선택한 후 [서식] 탭의 [목록] 단추를 클릭한 다음 [셀 서식]을 클릭합니다.

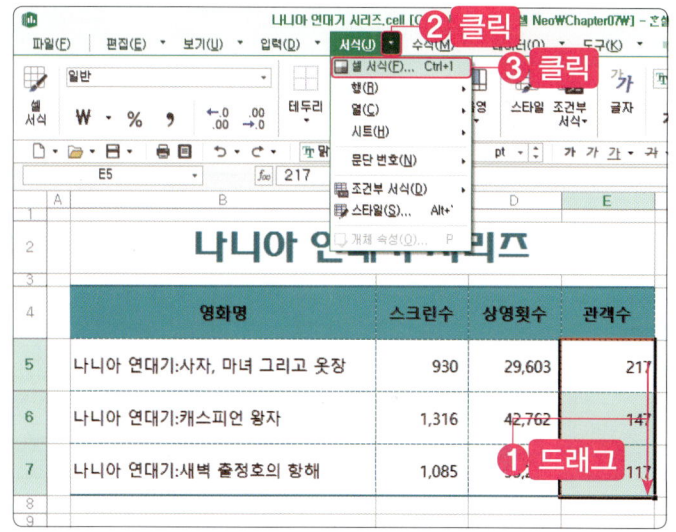

3 [셀 서식] 대화상자가 나타나면 [표시 형식] 탭에서 구분(사용자 정의)을 선택한 후 유형('G/표준' 뒤에 '"만 명"'을 입력)을 입력한 다음 [설정] 단추를 클릭합니다.

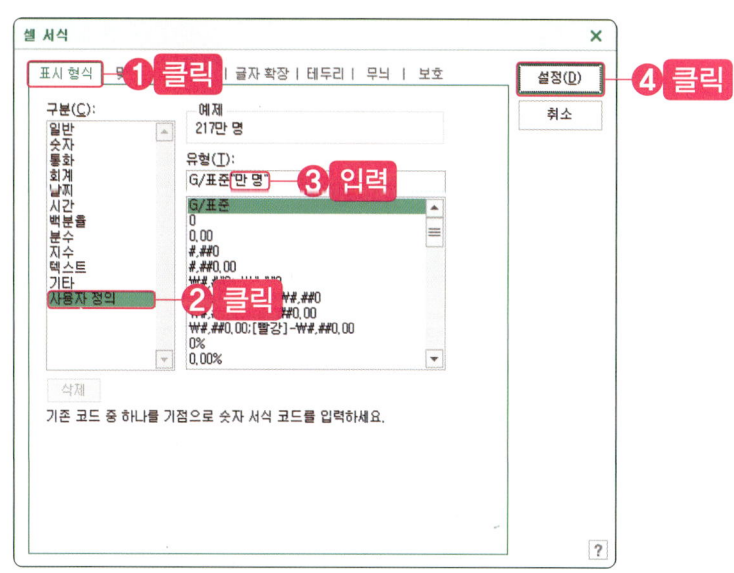

Tip 큰따옴표("")로 묶은 내용은 그대로 표시합니다.

4 다음과 같이 표시 형식이 지정됩니다.

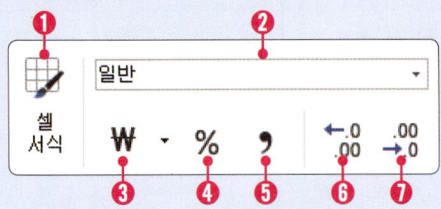

알아두면 실력튼튼

기본 도구 상자에 있는 표시 형식 도구

❶ **셀 서식** : [셀 서식] 대화상자의 [표시 형식] 탭이 나타납니다.

❷ **표시 형식** : 셀 값이 표시되는 방법을 지정합니다. 일반은 표시 형식을 지정하지 않은 것을 말합니다.

일반	숫자	통화	회계	날짜	시간
100	100	₩100	₩ 100	2018-04-08	오후 1:20:00

❸ **회계 표시 형식** : 통화 기호를 사용하여 셀 값을 표시합니다.

₩ (대한민국)	$ (미국)	£ (영국)	€ (유럽 연합)	¥ (일본)	¥ (중국)
₩ 1,500	$ 1,500	£ 1,500	€ 1,500	¥ 1,500	¥ 1,500

❹ **백분율 스타일** : 셀 값에 100을 곱한 값을 백분율 기호(%)와 함께 표시합니다.

1 → 100%

❺ **쉼표 스타일** : 천 단위 구분 기호(,)를 사용하여 셀 값을 표시합니다.

❻ **자릿수 늘임** : 소수 자릿수를 늘여 셀 값을 자세히 표시합니다.

12.35 → 12.345

❼ **자릿수 줄임** : 소수 자릿수를 줄여 셀 값을 간단히 표시합니다.

12.345 → 12.35

01 다음과 같이 '겨울왕국' 파일을 연 후 테두리와 채우기 서식을 지정해 보세요.

- B4:F9셀 범위 : 테두리 색(바다색), 테두리 종류(----), [위], [아래], [안쪽]
- B4:F4셀 범위 : 채우기 색(바다색 40% 밝게)

겨울왕국

날짜	스크린수	상영횟수	좌석수	관객수
2014-01-16	676	2558	448680	160592
2014-01-17	785	2936	520734	170315
2014-01-18	962	3862	722428	430189
2014-01-19	1010	3970	739662	435610
2014-01-20	801	3448	659541	157528

02 다음과 같이 표시 형식을 지정해 보세요.

- B5:B9셀 범위 : 구분(날짜), 유형(2004년 10월 9일 (토))
- C5:F9셀 범위 : ,[쉼표 스타일]

겨울왕국

날짜	스크린수	상영횟수	좌석수	관객수
2014년 1월 16일 (목)	676	2,558	448,680	160,592
2014년 1월 17일 (금)	785	2,936	520,734	170,315
2014년 1월 18일 (토)	962	3,862	722,428	430,189
2014년 1월 19일 (일)	1,010	3,970	739,662	435,610
2014년 1월 20일 (월)	801	3,448	659,541	157,528

Chapter 08 단원 종합 평가 문제

01 다음 중 계산 기능이 뛰어나서 용돈기입장이나 성적표와 같이 표 형태로 된 데이터(자료)를 쉽고 빠르게 처리할 수 있는 프로그램은 어느 것인지 골라 보세요.

① 한글 ② 워드
③ 한쇼 ④ 한셀

02 다음 중 한셀의 화면 구성 요소에 대한 설명으로 옳은 것은 어느 것인지 골라 보세요.

① 제목 표시줄 : 메뉴 탭에서 자주 사용하는 기능을 서로 관련 있는 기능별로 묶어 놓은 곳입니다.
② 시트 : 문서를 작성하는 곳입니다.
③ 이름 상자 : 선택한 셀의 데이터나 수식이 표시되는 곳입니다.
④ 시트 탭 : 준비/입력, 보기 설정, 확대/축소 등의 작업 상황이 표시되는 곳입니다.

03 다음 □ 안에 들어갈 말은 무엇인지 적어 보세요.

> □은(는) 행과 열이 교차하면서 생긴 영역을 말합니다.

04 다음 중 원하는 곳에서 줄을 바꾸어 한 셀에 두 줄 이상 입력할 수 있는 키는 어느 것인지 골라 보세요.

① Ctrl+Enter ② Shift+Enter
③ Alt+Enter ④ Enter

05 다음 중 셀 포인터 오른쪽 아래에 있는 정사각형(□)을 무엇이라고 하는지 골라 보세요.

① 자동 채우기 핸들
② 크기 조정 핸들
③ 모양 조정 핸들
④ 회전 핸들

06 B2셀에 입력되어 있는 데이터는 '학교1'입니다. 다음 중 B2셀을 선택한 후 자동 채우기 핸들을 B5셀까지 드래그한 경우, B5셀에 입력되는 데이터는 어느 것인지 골라 보세요.

① 학교1 ② 학교2
③ 학교3 ④ 학교4

07 다음 중 열 너비를 변경하는 방법으로 옳지 않은 것은 어느 것인지 골라 보세요.

① 열 머리글을 선택한 후 [서식] 탭에서 [열 너비]를 클릭한 다음 [열 자동 맞춤]을 클릭합니다.
② 열 머리글을 클릭합니다.
③ 열 머리글의 경계선을 드래그합니다.
④ 열 머리글의 경계선을 더블클릭합니다.

08 다음 중 선택한 셀들을 병합한 후 가로 방향으로 병합된 셀의 가운데에 맞추어 텍스트를 표시할 수 있는 기능은 어느 것인지 골라 보세요.

① ≡ ② ≡
③ ≡ ④ 가

■ 정답은 160 페이지에 있습니다.

09 다음과 같이 '이 주의 추천 영어' 파일을 연 후 기호를 입력한 다음 자동 채우기 핸들을 사용하여 나머지 데이터를 입력해 보세요.

• 기호 입력 : ♬

	A	B	C	D	E
1					
2		♬이 주의 추천 영어			
3					
4		한글	영어		
5		일요일	Sunday		
6		월요일	Monday		
7		화요일	Tuesday		
8		수요일	Wednesday		
9		목요일	Thursday		
10		금요일	Friday		
11		토요일	Saturday		
12					

10 다음과 같이 '생활에서의 공기 이용' 파일을 연 후 셀 서식을 지정해 보세요.

• B2셀 : 글꼴(HY수평선M), 글자 크기(24), 글꼴 색(에메랄드 블루)
• B2:C2셀 범위 : [병합하고 가운데 맞춤]
• B4:C8셀 범위 : 글꼴(맑은 고딕), 글자 크기(14), ≡[가운데 정렬], 테두리 색(에메랄드 블루 30% 어둡게), 테두리 종류(----), ▦[위], ▦[아래], [안쪽]
• B4:B8셀 범위 : 글자 색(하양), 가[진하게], 채우기 색(에메랄드 블루)

	A	B	C	D
1				
2		생활에서의 공기 이용		
3				
4		집안에서	선풍기, 산소 발생기	
5		악기에서	관악기, 아코디언	
6		장난감에서	풍선, 불어서 소리나는 장난감	
7		생활용품에서	자전거 바퀴, 자동차 바퀴	
8		스포츠에서	열기구, 보트 타기	

중복된 항목 제거하고 표 만들기

Chapter 09

◆ 중복된 항목을 제거하는 방법에 대해 알아보겠습니다.
◆ 표를 만드는 방법에 대해 알아보겠습니다.

중복된 항목 제거는 데이터가 같은 경우, 하나의 데이터만 남기고 다른 데이터는 제거할 수 있는 기능이고, 표 만들기는 데이터를 표로 만든 후 미리 정의되어 있는 표 서식을 지정할 수 있는 기능입니다.

과학 도서명	가격
날씨는 마술사야!	9,800
빛과 어둠	35,000
땅 이야기 - 지층과 화석	15,000
<열>아~ 따뜻해!	25,000
식물이 궁금해?	12,000

추천 과학 도서

50 한셀 Neo

THEME 01 중복된 항목 제거하기

1 '추천 과학 도서' 파일을 연 후 B4:C10셀 범위를 선택한 다음 [데이터] 탭에서 [중복된 항목 제거]를 클릭합니다.

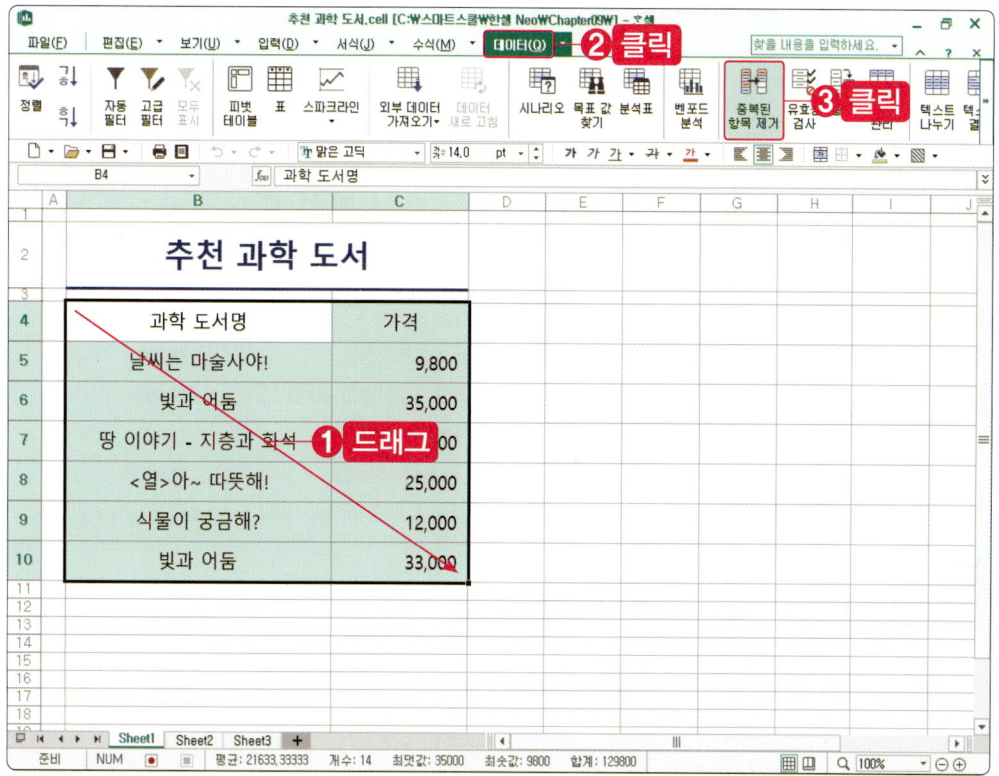

2 [중복된 항목 제거] 대화상자가 나타나면 [모두 선택 취소]를 선택한 후 [과학 도서명]을 선택한 다음 [실행] 단추를 클릭합니다.

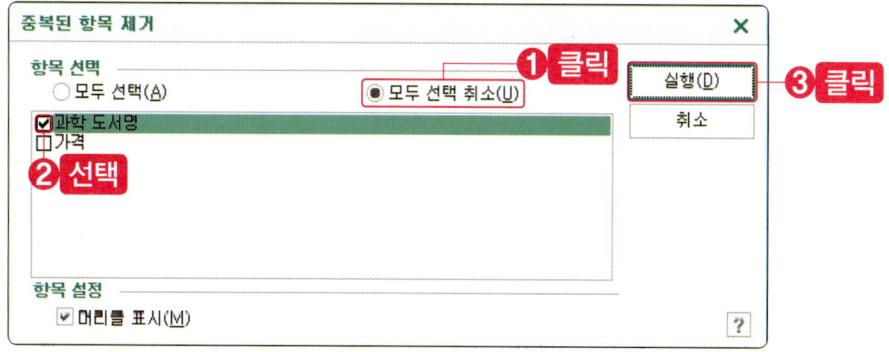

> **Tip**
> - [과학 도서명]만 선택하면 가격이 같지 않아도 과학 도서명만 같으면 중복된 항목으로 인식합니다.
> - [모두 선택]을 선택하면 [과학 도서명]과 [가격]이 모두 선택되는데요. 이런 경우에는 과학 도서명과 가격이 모두 같아야 중복된 항목으로 인식합니다.

3 '1개의 중복된 값이 검색되어 제거했습니다.'라는 내용의 대화상자가 나타나면 [확인] 단추를 클릭합니다.

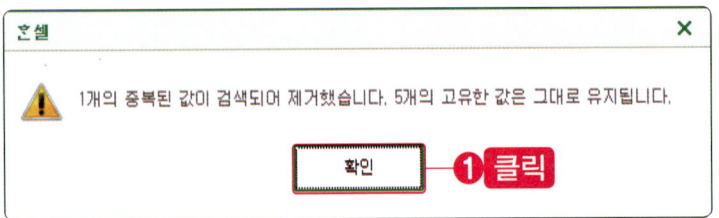

4 다음과 같이 중복된 항목이 제거됩니다.

	과학 도서명	가격
	추천 과학 도서	
	과학 도서명	가격
	날씨는 마술사야!	9,800
	빛과 어둠	35,000
	땅 이야기 - 지층과 화석	15,000
	<열>아~ 따뜻해!	25,000
	식물이 궁금해?	12,000

THEME 02 표 만들기

1 표를 만들기 위해 B4:C9셀 범위를 선택한 후 [데이터] 탭에서 [표]를 클릭합니다.

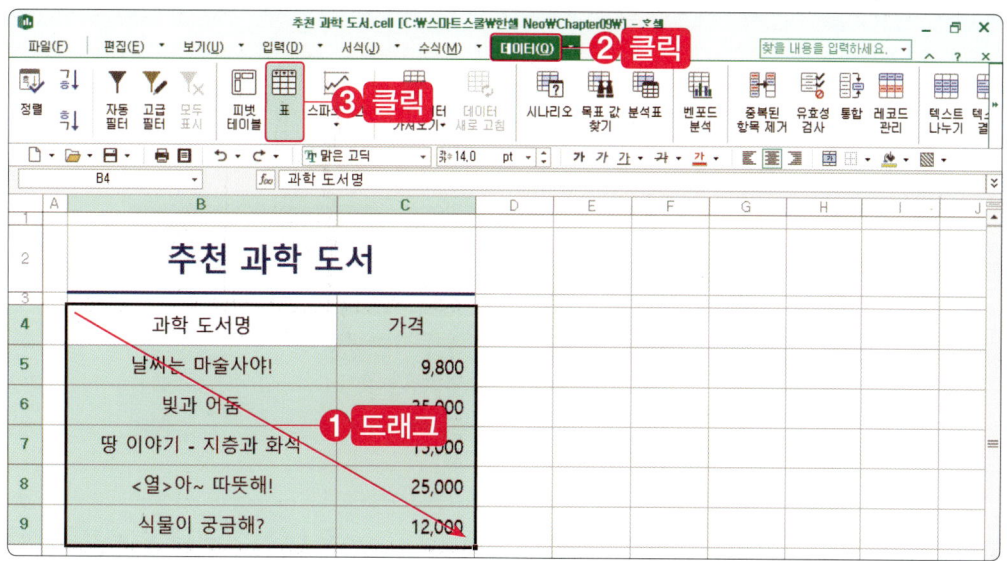

2 [표 만들기] 대화상자가 나타나면 [확인] 단추를 클릭합니다.

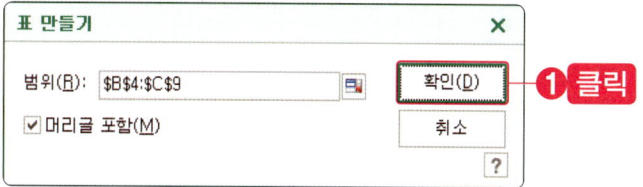

3 표가 만들어지면 표를 정상 범위로 변환하기 위해 [표] 정황 탭에서 [범위로 변환]을 클릭합니다.

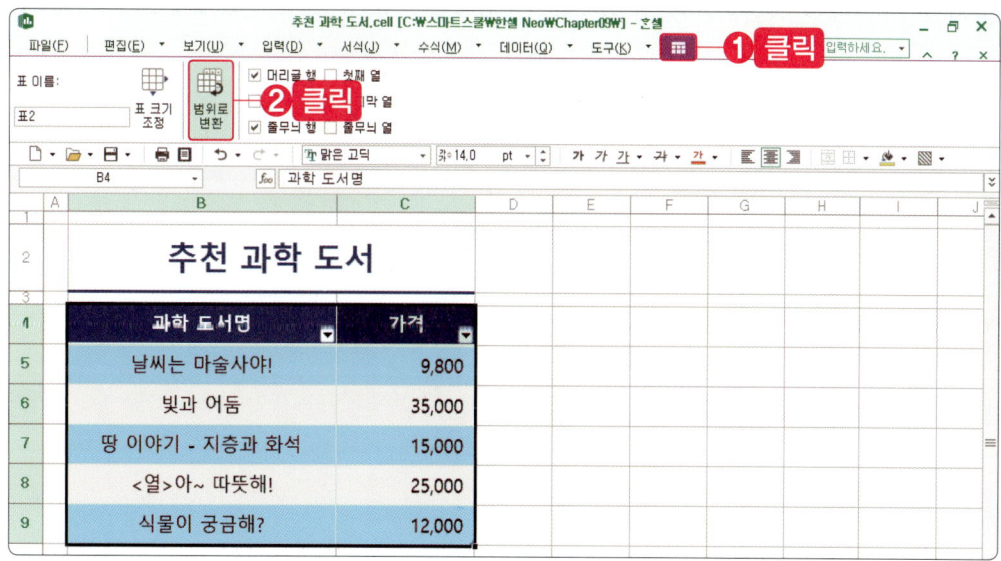

> **Tip**
> 표를 만들면 행/열은 삽입하거나 삭제할 수 있지만 셀 병합은 할 수 없는데요. 이와 같이 표 기능이 오히려 작업에 방해되거나 표 서식만 필요하고 표 기능은 필요하지 않은 경우, 표를 정상 범위로 변환해야 합니다. 표를 정상 범위로 변환한다는 것은 표를 일반 데이터로 변환한다는 것입니다.

4 '표를 정상 범위로 바꿀까요?'라고 묻는 대화상자가 나타나면 [바꿈] 단추를 클릭합니다.

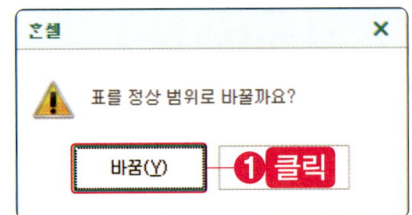

5 다음과 같이 표가 정상 범위로 변환됩니다.

과학 도서명	가격
날씨는 마술사야!	9,800
빛과 어둠	35,000
땅 이야기 - 지층과 화석	15,000
<열>아~ 따뜻해!	25,000
식물이 궁금해?	12,000

알아두면 실력튼튼

표 기능

표를 만들면 새로운 데이터를 입력하는 경우, 표 서식이 자동으로 지정되며 다음과 같이 머리글 행(B4:C4셀 범위)에 나타난 ▼[필터 목록] 단추를 사용하여 데이터를 정렬(데이터를 일정한 순서에 의해 차례대로 재배열하는 작업)하거나 필터링(많은 데이터 중에서 원하는 데이터만 표시하는 작업)을 하는 등의 표 기능을 사용할 수 있습니다.

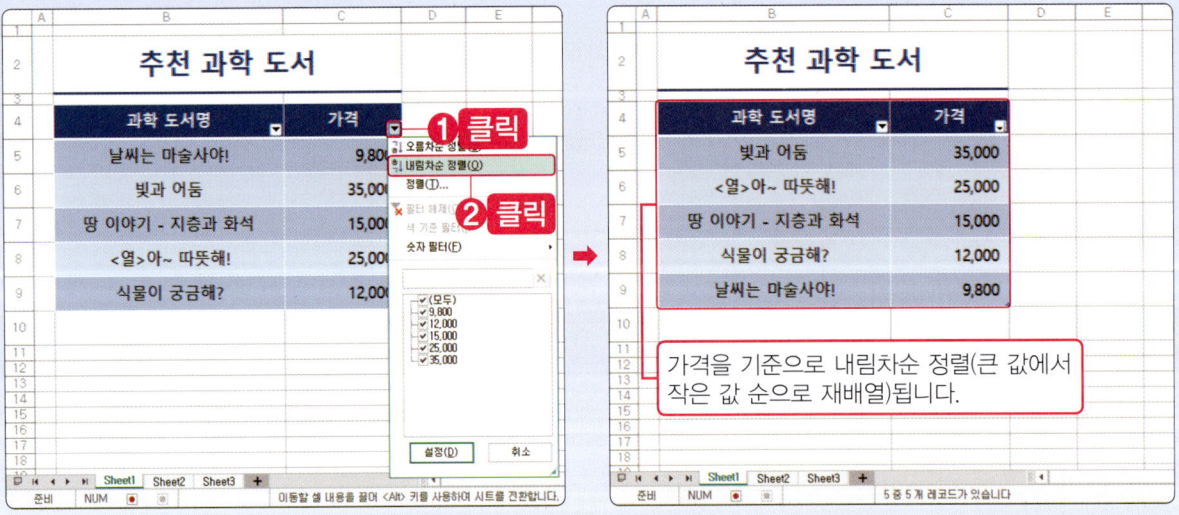

가격을 기준으로 내림차순 정렬(큰 값에서 작은 값 순으로 재배열)됩니다.

01 다음과 같이 '독후감 쓰기' 파일을 연 후 중복된 항목을 제거해 보세요.

	A	B	C	D	E
1					
2			독후감 쓰기		
3					
4		순서	내용		
5		1	제목 정하기		
6			제목을 정하고 책의 제목은 부제목으로 붙인다.		
7		2	동기 쓰기		
8			이 책을 읽게 된 동기를 밝힌다.		
9		3	줄거리와 느낌		
10			소설의 줄거리를 소개하면서 중간에 내 느낌을 쓴다.		
11		4	전체적인 느낌		
12			이 책을 읽고 난 후의 전체적인 느낌을 쓴다.		
13		5	생각의 변화		
14			이 책을 읽고 난 후 생각이 어떻게 변했는지 밝힌다.		
15					

Hint
B4:C16셀 범위를 선택한 후 [데이터] 탭에서 [중복된 항목 제거]를 클릭합니다. 그런 다음 [중복된 항목 제거] 대화상자에서 [모두 선택]을 선택한 후 [실행] 단추를 클릭하면 중복된 항목을 제거할 수 있습니다.

02 다음과 같이 표를 만든 후 표를 정상 범위로 변환해 보세요.

• 표 만들기 : 범위(B4:C14셀 범위), 표를 정상 범위로 변환

	A	B	C	D	E
1					
2			독후감 쓰기		
3					
4		순서	내용		
5		1	제목 정하기		
6			제목을 정하고 책의 제목은 부제목으로 붙이다.		
7		2	동기 쓰기		
8			이 책을 읽게 된 동기를 밝힌다.		
9		3	줄거리와 느낌		
10			소설의 줄거리를 소개하면서 중간에 내 느낌을 쓴다.		
11		4	전체적인 느낌		
12			이 책을 읽고 난 후의 전체적인 느낌을 쓴다.		
13		5	생각의 변화		
14			이 책을 읽고 난 후 생각이 어떻게 변했는지 밝힌다.		
15					

쪽 설정하고 문서 인쇄하기

Chapter 10

◆ 쪽을 설정하는 방법에 대해 알아보겠습니다.
◆ 문서를 인쇄하는 방법에 대해 알아보겠습니다.

한셀에서는 문서를 인쇄하기 전에 미리 보기 화면에서 문서가 인쇄되는 모양을 확인한 후 필요에 따라 쪽(페이지)을 설정하는 것이 좋은데요. 시트는 쪽 단위로 구분된 것이 아니기 때문에 문서가 조각으로 나뉘어 인쇄될 수 있기 때문입니다.

THEME 01 쪽 설정하기

1 '황사와 관련된 건강 관리 방법' 파일을 연 후 문서가 인쇄되는 모양을 확인하기 위해 [파일] 탭에서 [미리 보기]를 클릭합니다.

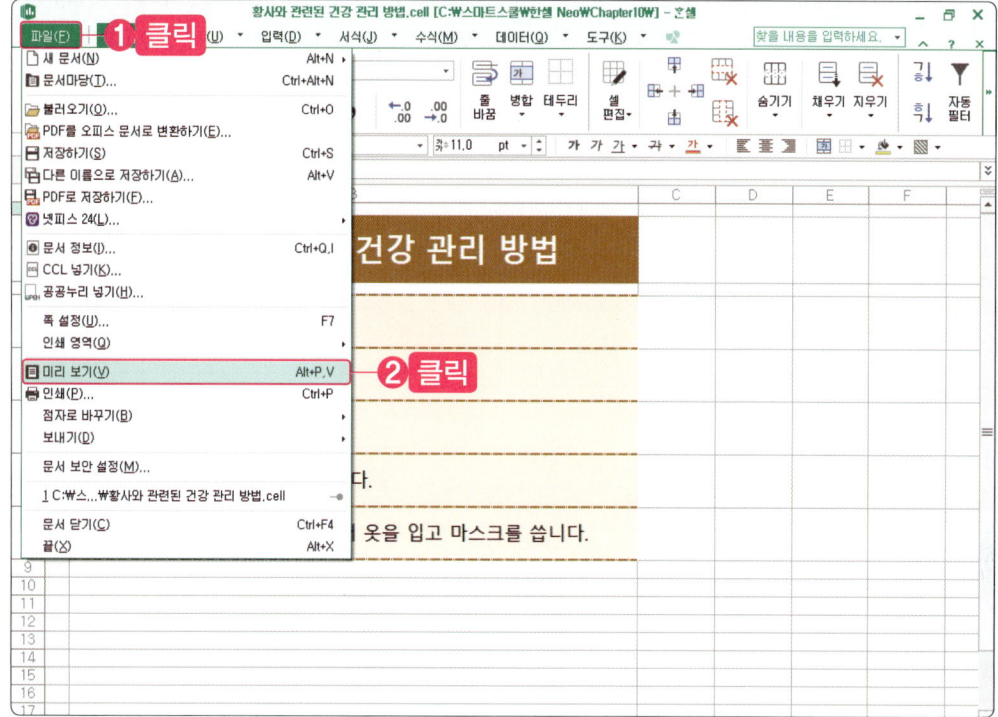

2 미리 보기 화면이 나타나면 문서가 인쇄되는 모양을 확인한 후 쪽을 설정하기 위해 [쪽 설정]을 클릭합니다.

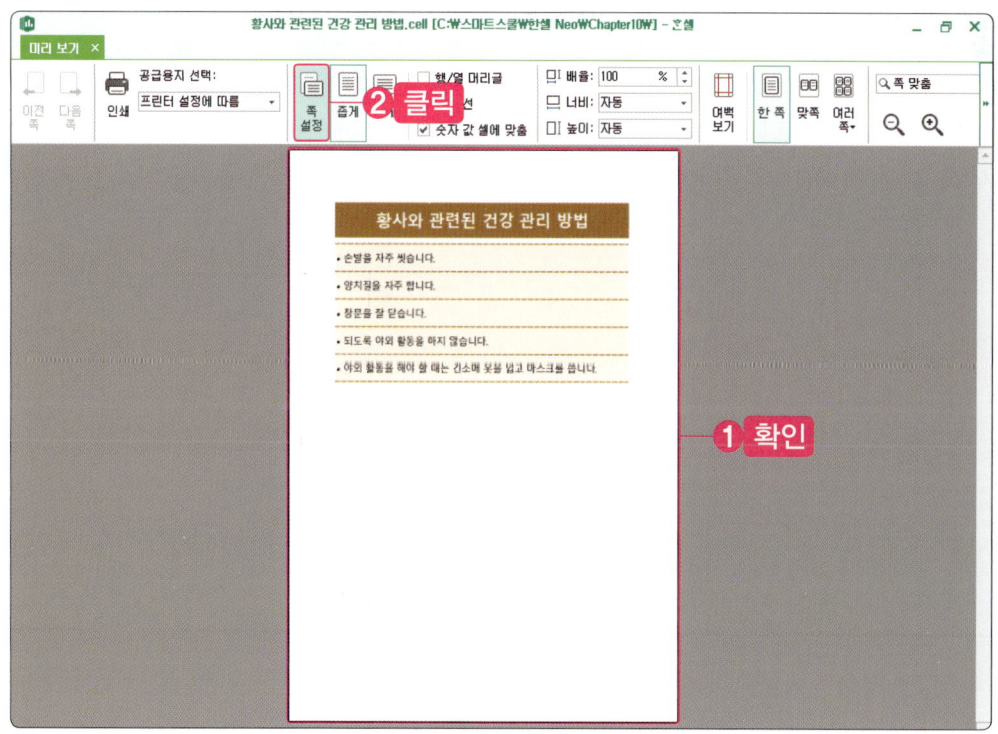

3. [쪽 설정] 대화상자가 나타나면 [쪽] 탭에서 용지 방향(넓게)을 선택한 후 [여백] 탭을 클릭합니다. 그런 다음 [쪽 설정] 대화상자의 [여백] 탭이 나타나면 쪽 가운데에 배치([가로] 선택, [세로] 선택)를 선택한 후 [머리말/꼬리말] 탭을 클릭합니다.

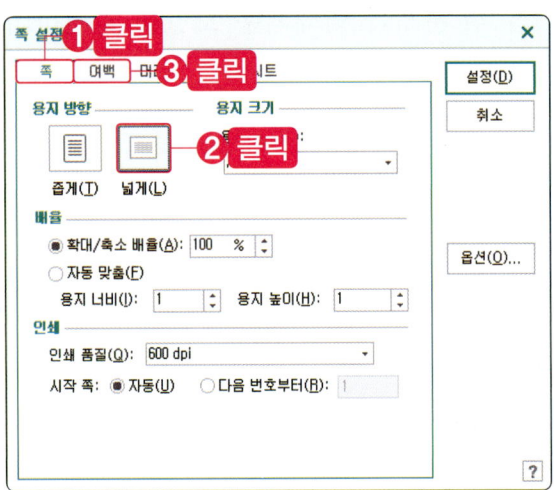
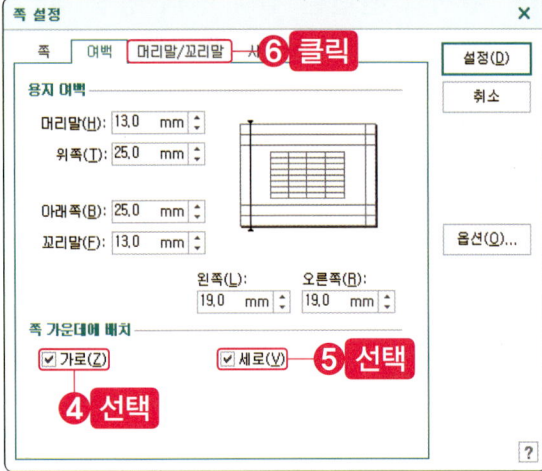

4. [쪽 설정] 대화상자의 [머리말/꼬리말] 탭이 나타나면 꼬리말의 [편집] 단추를 클릭합니다.

5. [꼬리말] 대화상자가 나타나면 오른쪽 구역에 텍스트(녹색배낭)를 입력한 후 텍스트에 글자 서식을 지정하기 위해 텍스트를 드래그하여 선택한 다음 가[글꼴]을 클릭합니다.

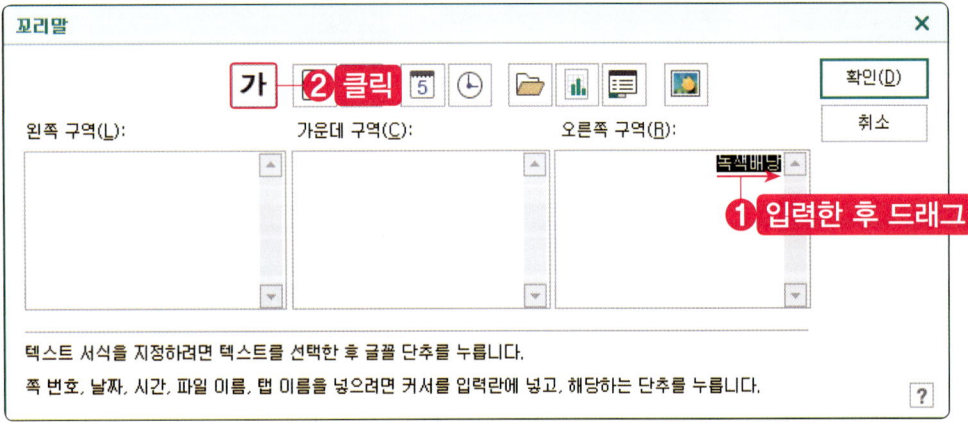

6 [셀 서식] 대화상자가 나타나면 기준 크기(14)를 입력한 후 가[진하게]를 클릭한 다음 [설정] 단추를 클릭합니다.

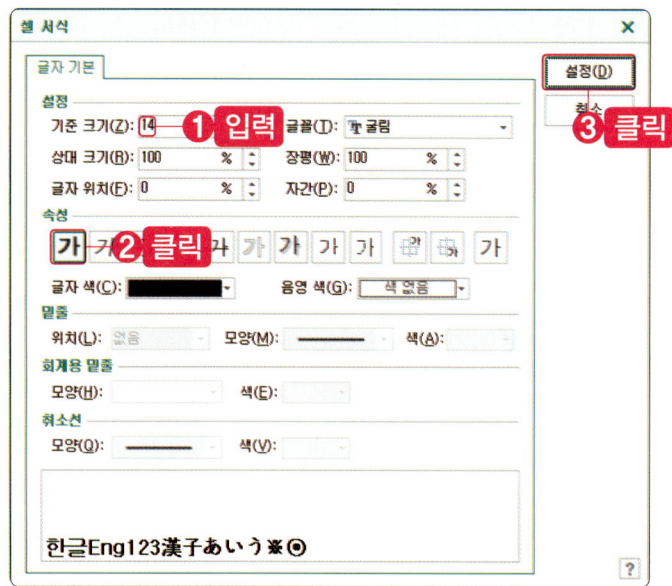

7 [꼬리말] 대화상자가 다시 나타나면 [확인] 단추를 클릭합니다.

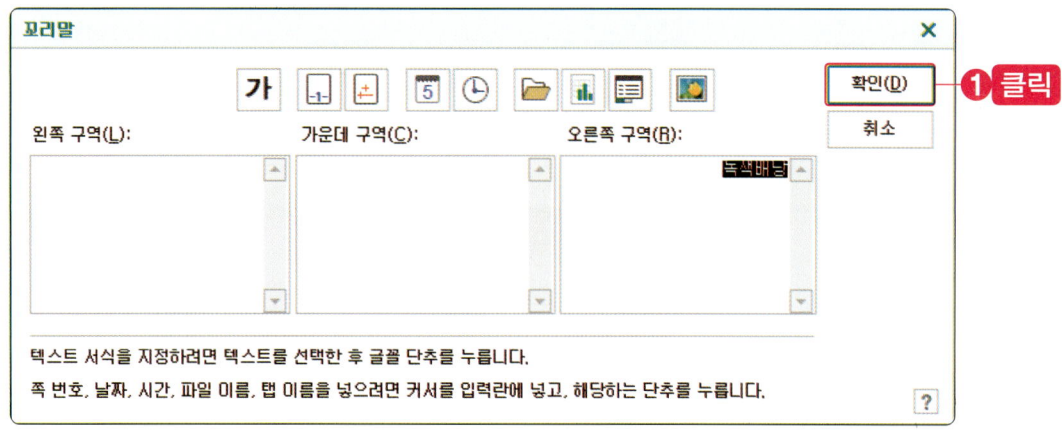

알아두면 실력튼튼

머리말/꼬리말 요소

❶ **글꼴** : 글자 서식을 지정합니다.

❷ **쪽 번호** : 쪽 번호를 삽입합니다.

❸ **전체 쪽 수** : 전체 쪽 수를 삽입합니다.

❹ **날짜** : 현재 시스템 날짜를 삽입합니다(예 2018-01-05).

❺ **시간** : 현재 시스템 시간을 삽입합니다(예 11:30 오전).

❻ **파일 경로** : 문서의 경로와 파일 이름을 삽입합니다(예 C:\스마트스쿨\한셀 Neo\Chapter10\황사와 관련된 건강 관리 방법.cell).

❼ **파일 이름** : 문서의 파일 이름을 삽입합니다(예 황사와 관련된 건강 관리 방법.cell).

❽ **탭 이름** : 시트 이름을 삽입합니다(예 Sheet1).

❾ **그림** : 그림을 삽입합니다.

8 [쪽 설정] 대화상자가 다시 나타나면 [설정] 단추를 클릭합니다.

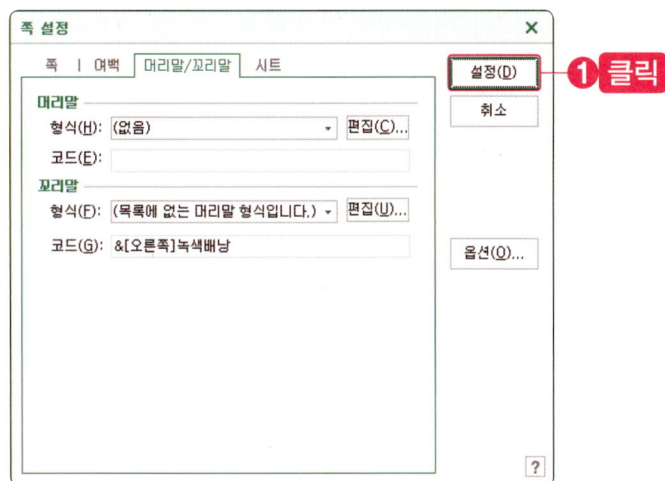

9 미리 보기 화면이 다시 나타나면 쪽이 설정된 것을 확인한 후 [닫기]를 클릭합니다.

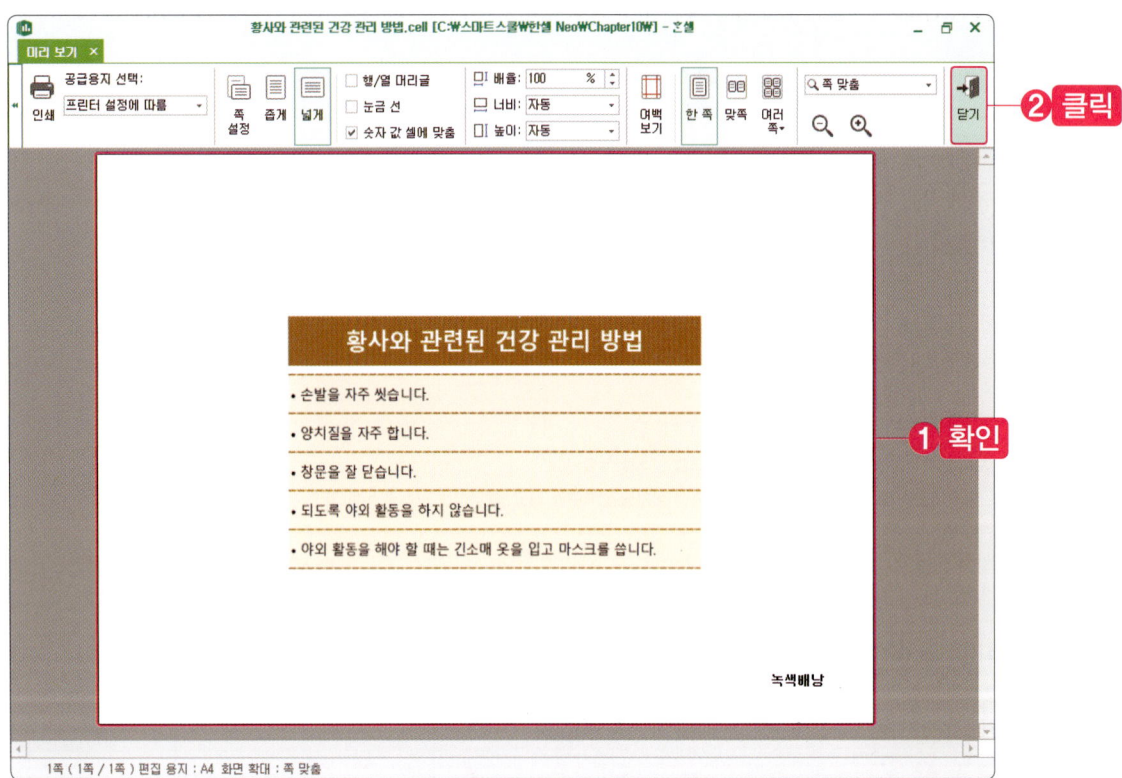

10 미리 보기 화면이 닫힙니다.

THEME 02 문서 인쇄하기

1 [파일] 탭에서 [인쇄]를 클릭합니다.

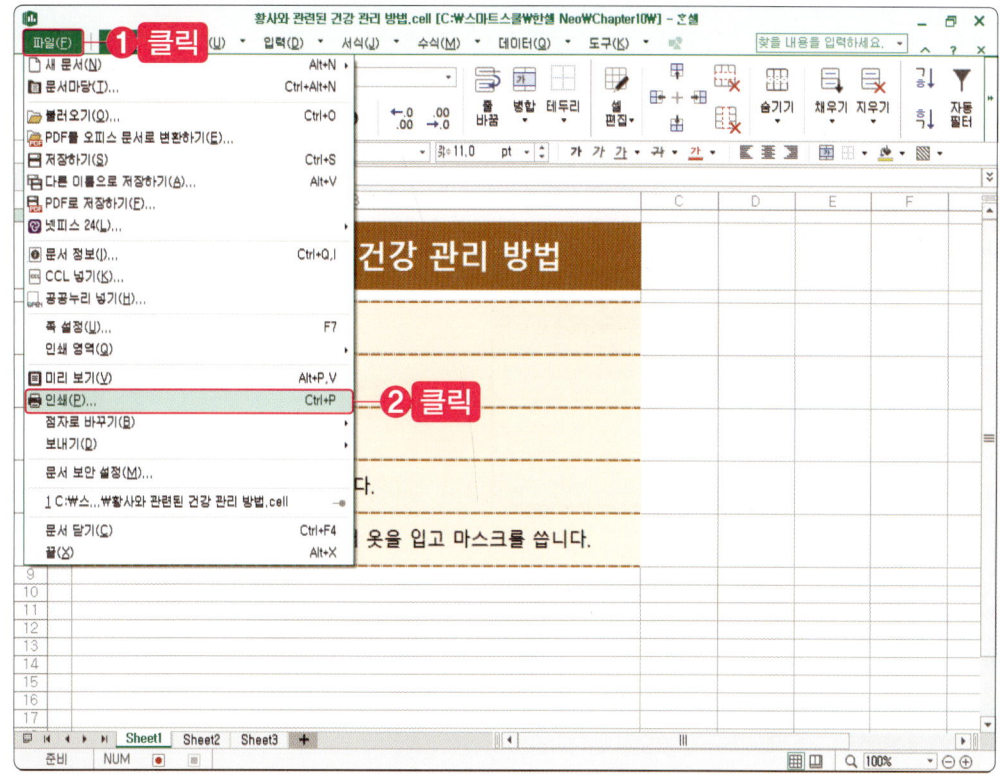

> **Tip**
> Ctrl+P를 눌러 문서를 인쇄할 수도 있습니다.

2 [인쇄] 대화상자가 나타나면 [기본] 탭에서 인쇄 범위(전체)와 인쇄 대상(현재 시트)을 선택한 후 인쇄 매수(1)를 입력한 다음 [인쇄] 단추를 클릭합니다.

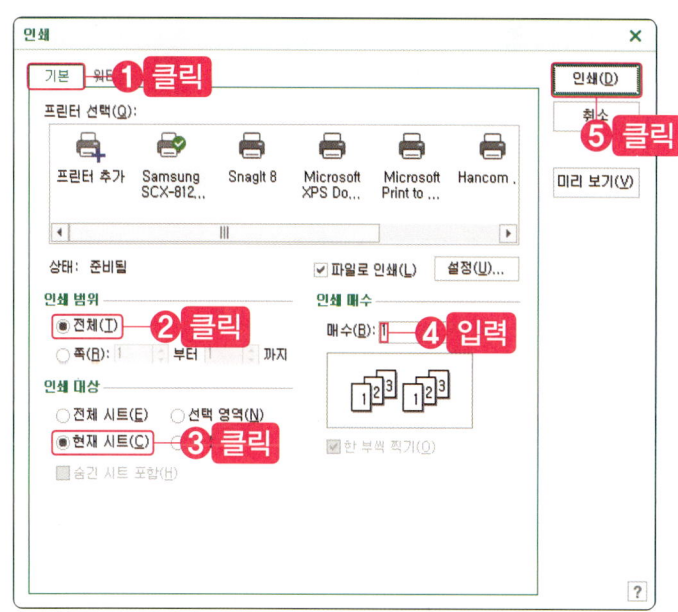

3 문서가 인쇄됩니다.

Chapter 10 – 쪽 설정하고 문서 인쇄하기

선택한 셀 범위만 인쇄하기

다음과 같이 셀 범위를 선택한 후 [파일] 탭에서 [인쇄]를 클릭하면 [인쇄] 대화상자가 나타나는데요. [인쇄] 대화상자의 [기본] 탭에서 인쇄 대상을 '선택 영역'으로 선택한 후 [인쇄] 단추를 클릭하면 선택한 셀 범위만 인쇄할 수 있습니다.

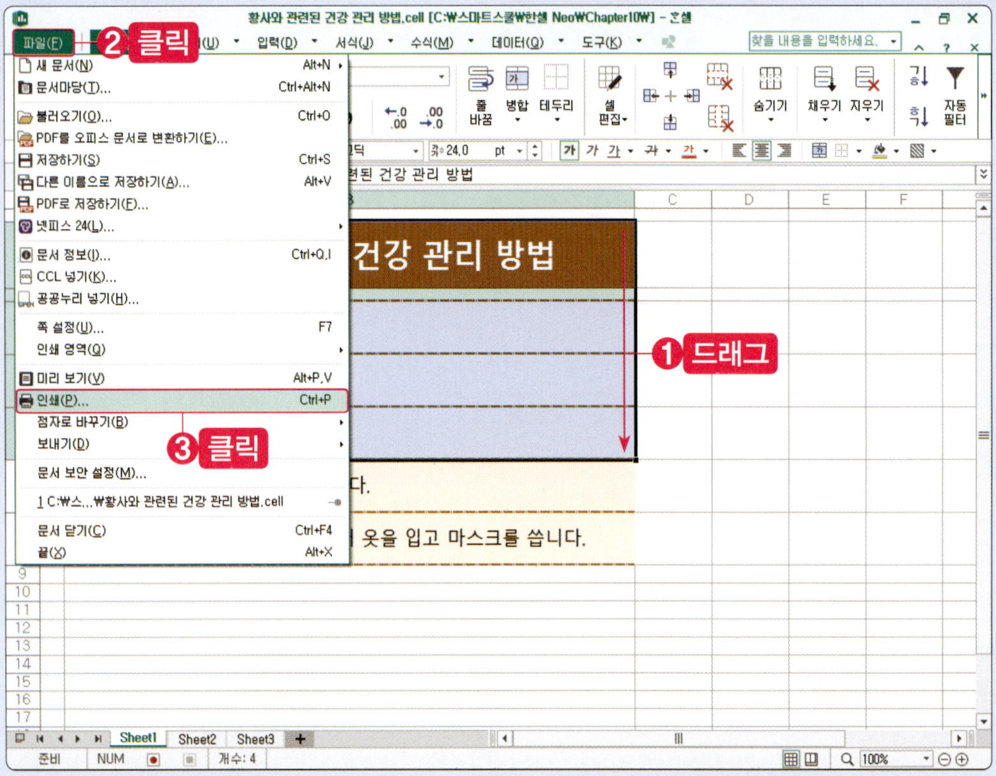

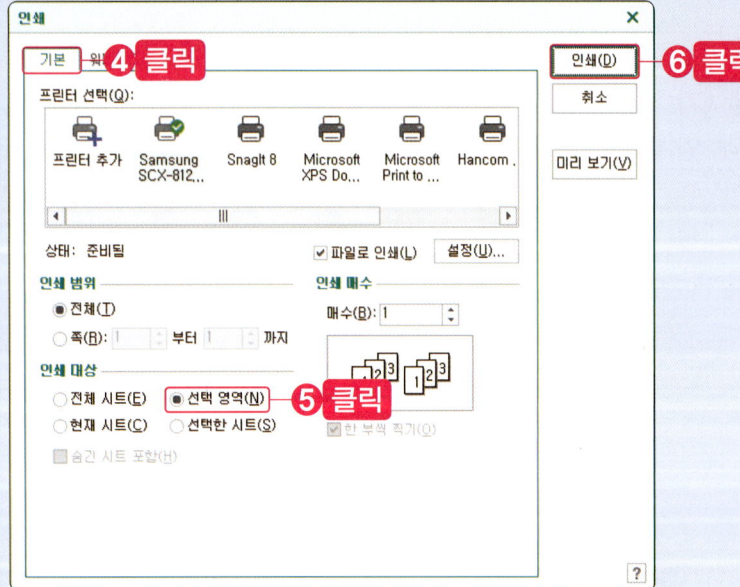

01 다음과 같이 '식품과 관련된 건강 관리 방법' 파일을 연 후 쪽을 설정해 보세요.

- 쪽 설정 : 용지 방향(넓게), 쪽 가운데에 배치([가로] 선택, [세로] 선택), 머리말([파일 이름])

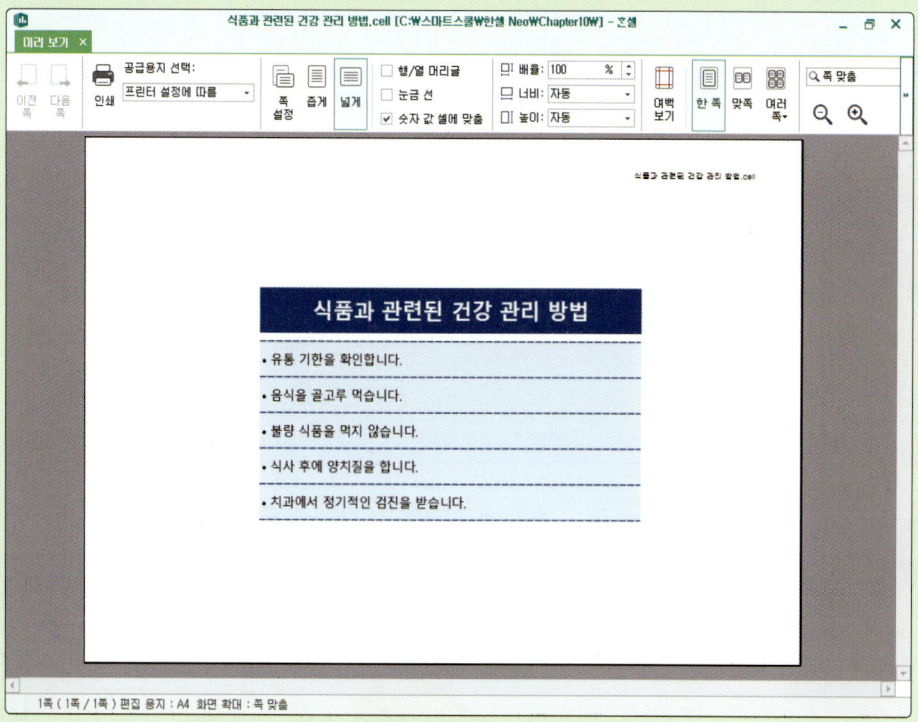

02 다음과 같이 문서를 인쇄해 보세요.

- 문서 인쇄 : 인쇄 범위(전체), 인쇄 대상(현재 시트), 인쇄 매수(1)

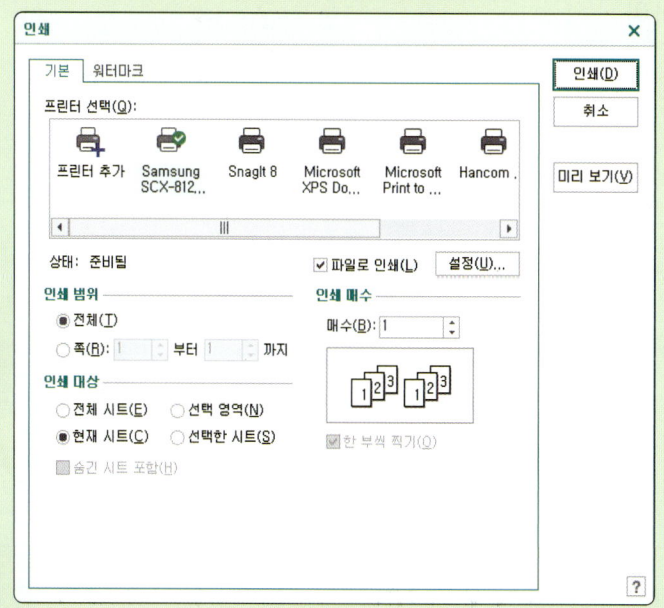

워드숍과 클립아트 활용하기

Chapter 11

◆ 워드숍을 활용하는 방법에 대해 알아보겠습니다.
◆ 클립아트를 활용하는 방법에 대해 알아보겠습니다.

워드숍은 글자를 꾸밀 수 있도록 선 색이나 채우기 색 등이 미리 정의되어 있는 디자인 서식이고, 클립아트는 문서를 꾸밀 수 있도록 미리 만들어 놓은 그림 조각인데요. 워드숍을 활용하면 화려한 제목을 작성할 수 있고, 내용과 어울리는 클립아트를 활용하면 내용을 부각시킬 수 있습니다.

THEME 01 워드숍 활용하기

1 '이탈리아' 파일을 연 후 워드숍을 삽입하기 위해 B2셀을 선택한 다음 [입력] 탭에서 [워드숍]을 클릭하고 가[스타일 13]을 클릭합니다.

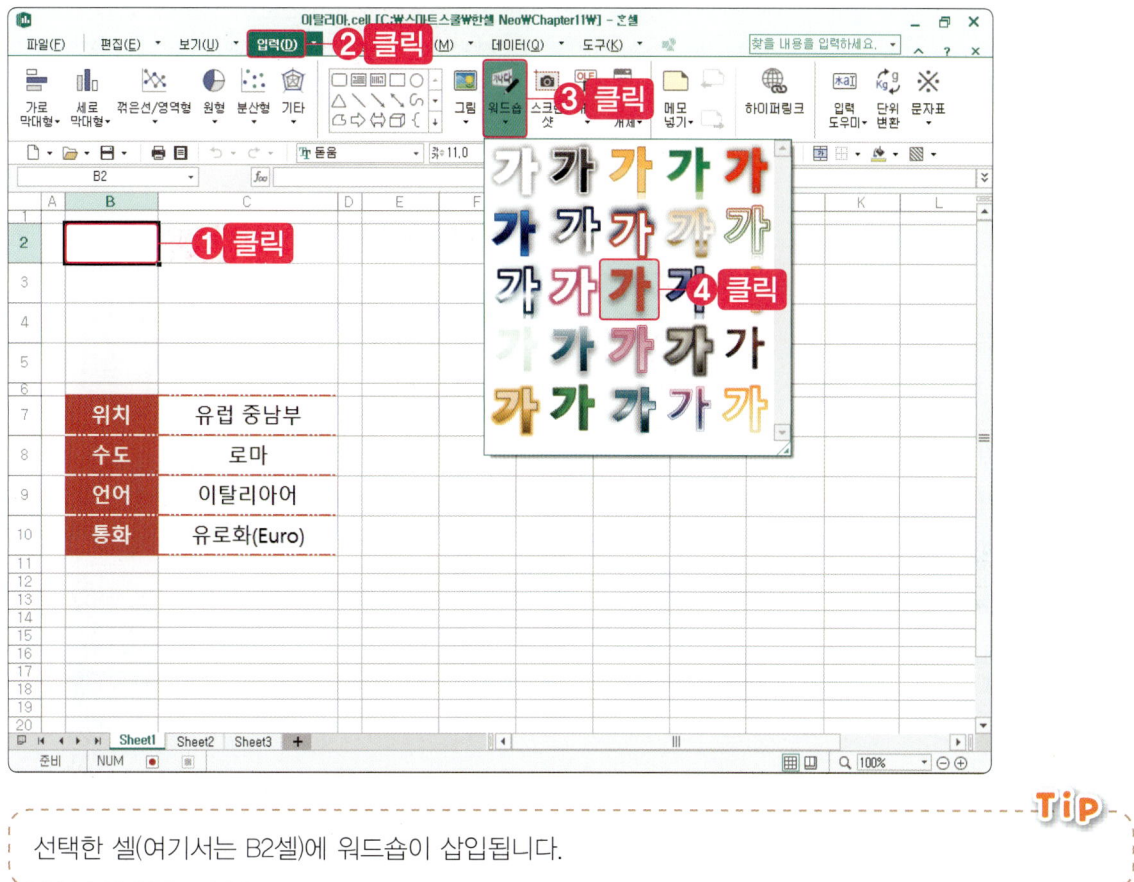

> **Tip**
> 선택한 셀(여기서는 B2셀)에 워드숍이 삽입됩니다.

2 [워드숍 만들기] 대화상자가 나타나면 내용(이탈리아)을 입력한 후 글꼴(HY수평선B)과 워드숍 모양(▼[역갈매기형 수장])을 선택한 다음 [설정] 단추를 클릭합니다.

Chapter 11 - 워드숍과 클립아트 활용하기 **65**

3 워드숍이 삽입되면 다음과 같이 워드숍의 크기를 조정합니다.

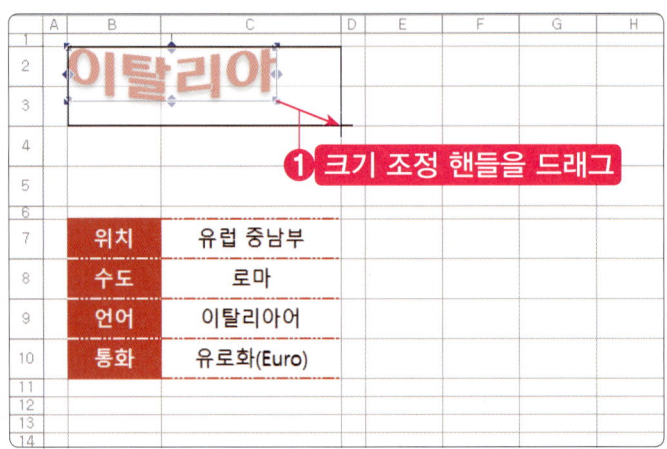

① 크기 조정 핸들을 드래그

> **Tip** 개체의 크기 조정 핸들을 드래그하면 개체의 크기를 조정할 수 있습니다.

알아두면 실력튼튼

개체 선택하기
- 하나의 개체 선택 : 개체로 마우스 포인터를 가져가서 마우스 포인터가 모양으로 변경되었을 때 클릭합니다.
- 여러 개체 선택 : 개체를 선택한 후 [Shift]를 누른 상태에서 다른 개체를 선택합니다.

개체 선택 해제하기
- 방법1 : 시트의 빈 부분을 클릭합니다.
- 방법2 : [Esc]를 누릅니다.

---

4 워드숍에 채우기 색을 지정하기 위해 [워드숍] 정황 탭에서 [채우기]의 ▼[목록] 단추를 클릭한 후 [바다색]을 클릭합니다.

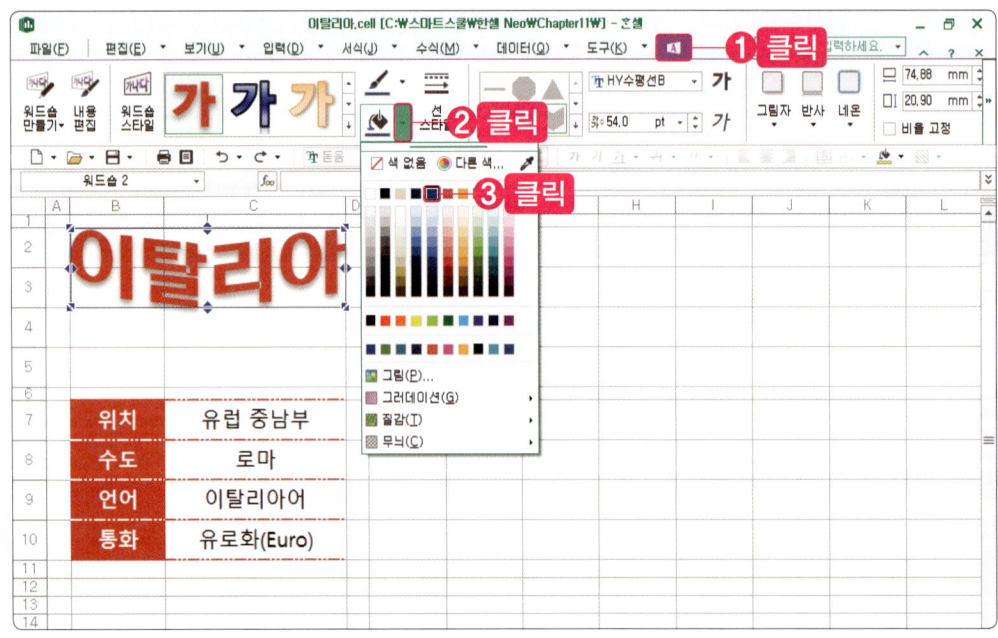

> **Tip** 워드숍에 채우기 색을 지정하면 워드숍 내용의 내부가 변경됩니다.

66 한셀 Neo

5 워드숍에 반사 효과를 지정하기 위해 [워드숍] 정황 탭에서 [반사]를 클릭한 후 [전체 크기, 4 pt]를 클릭합니다.

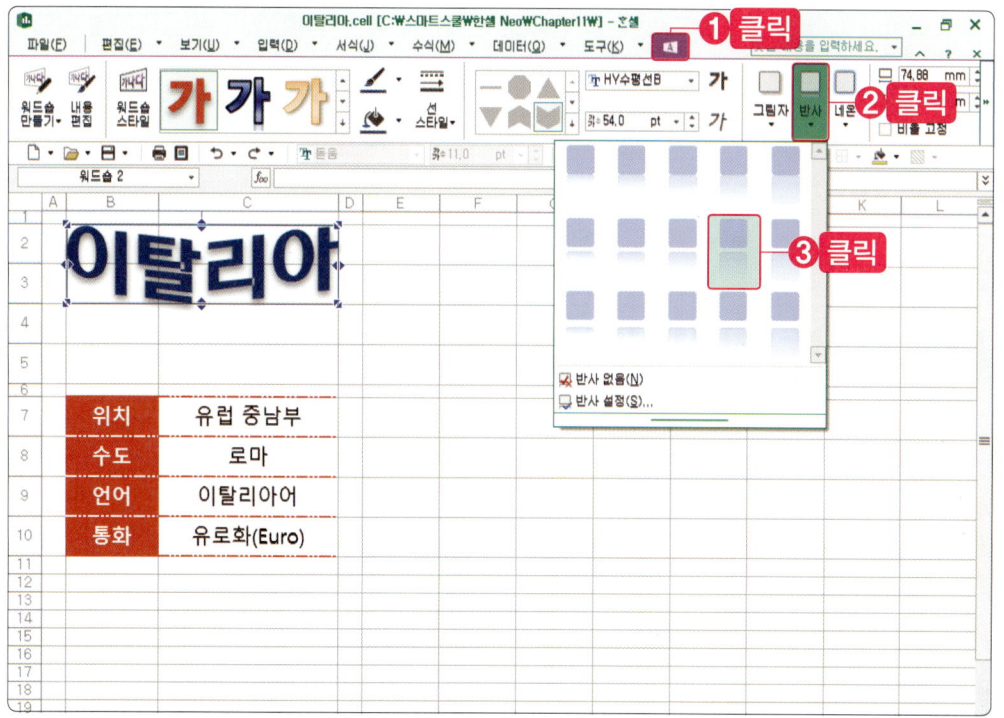

6 다음과 같이 워드숍에 반사 효과가 지정됩니다.

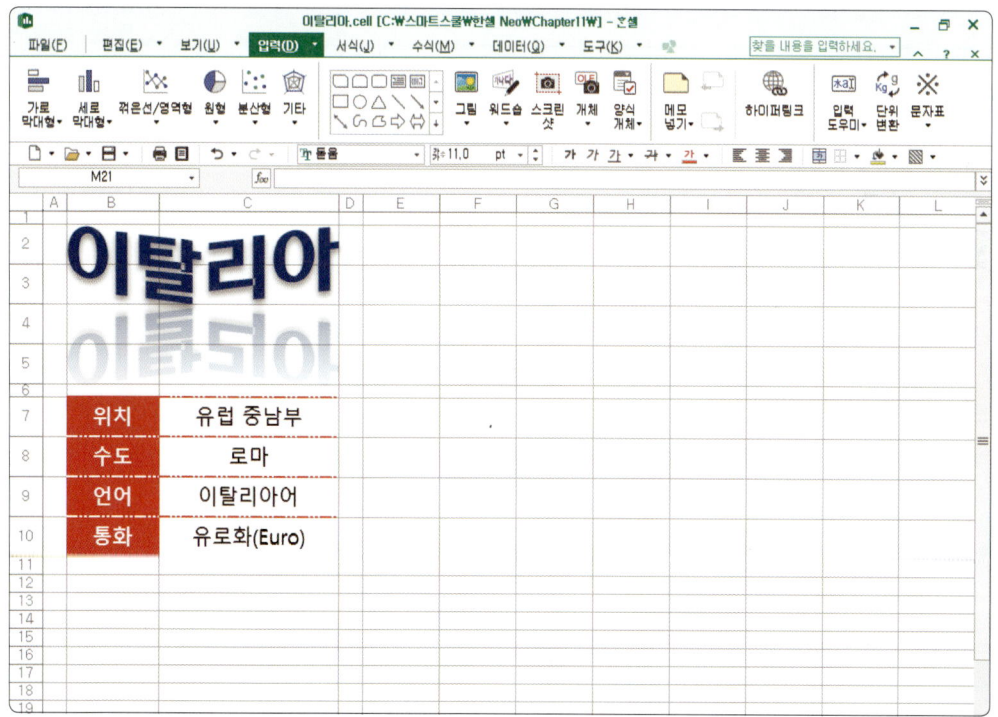

> **Tip**
> 워드숍을 선택한 후 [워드숍] 정황 탭에서 [내용 편집]을 클릭하면 워드숍 내용을 수정할 수 있습니다.

워드숍에 선 색 지정하기

다음과 같이 워드숍을 선택한 후 [워드숍] 정황 탭에서 [선 색]의 [목록] 단추를 클릭하면 워드숍에 선 색을 지정할 수 있는데요. 워드숍에 선 색을 지정하면 워드숍 내용의 테두리가 변경됩니다.

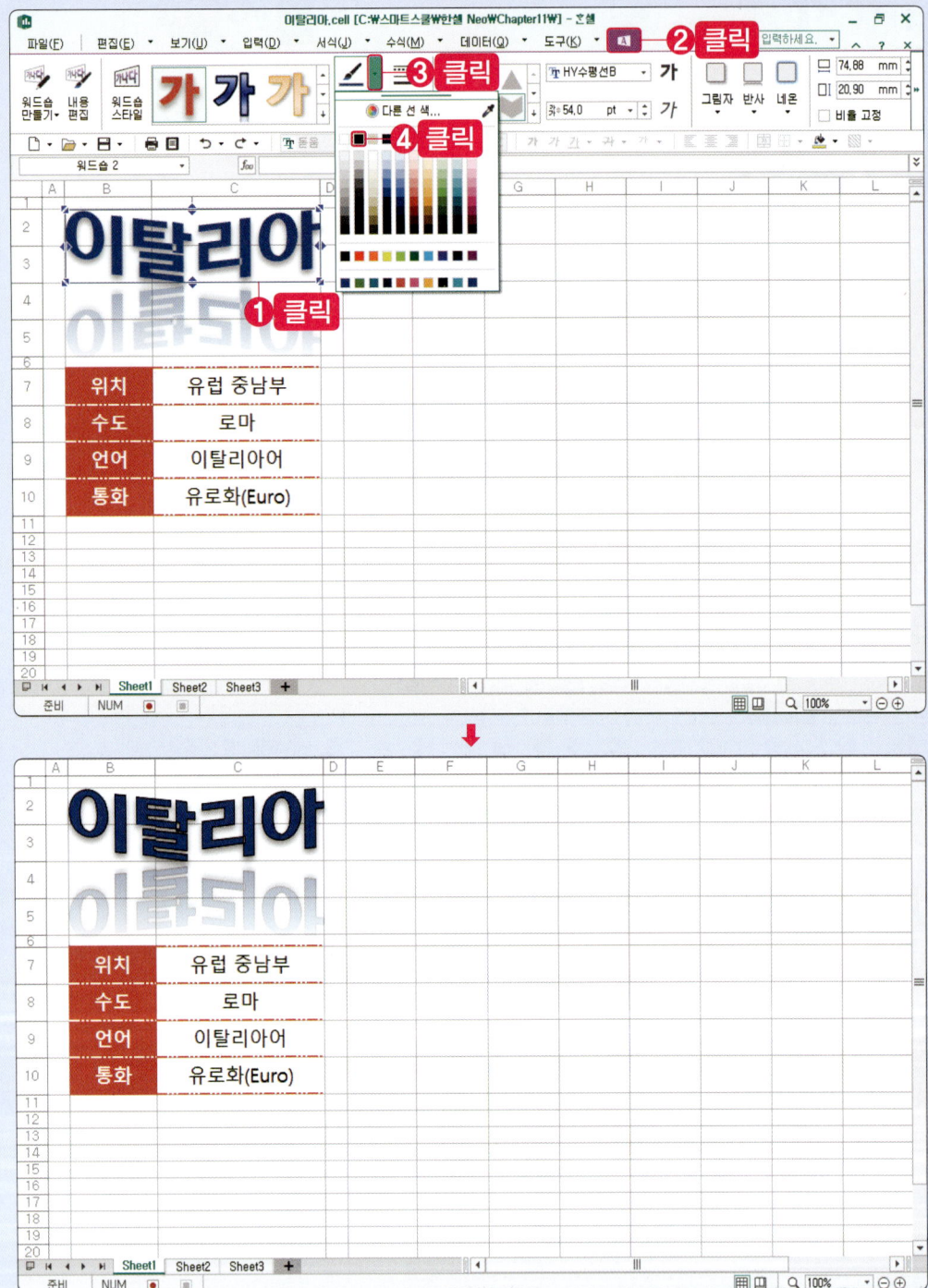

THEME 02 클립아트 활용하기

1 클립아트를 삽입하기 위해 [입력] 탭에서 [그림]의 ▼[목록] 단추를 클릭한 후 [그리기마당]을 클릭합니다.

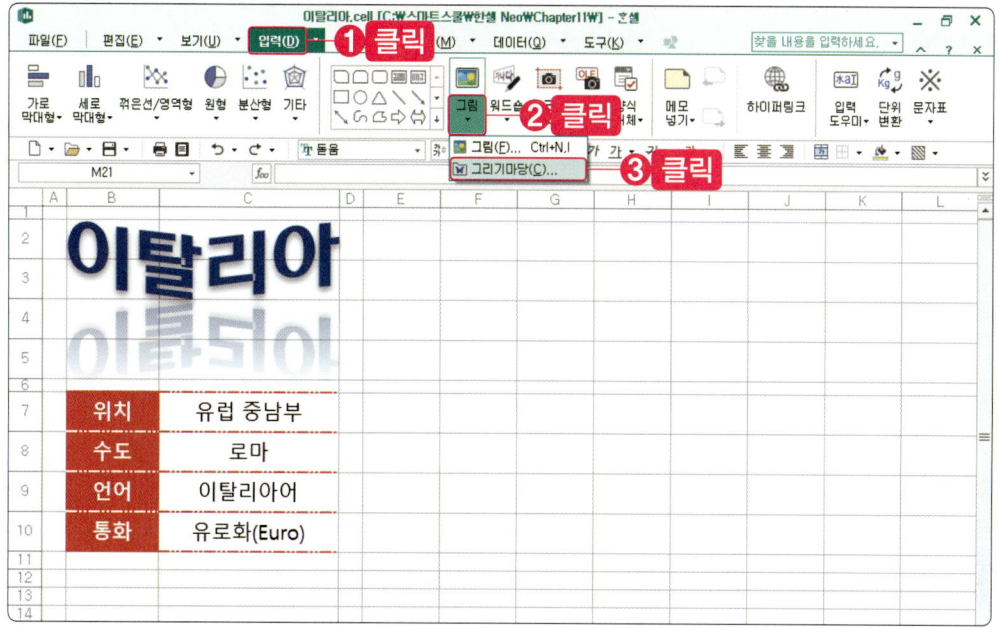

2 [그리기마당] 대화상자가 나타나면 찾을 파일(이탈리아)을 입력한 후 [찾기] 단추를 클릭합니다. 그런 다음 [그리기마당] 대화상자의 [찾기 결과] 탭이 나타나면 파일(🏛[콜로세움])을 선택한 후 [넣기] 단추를 클릭합니다.

3 마우스 포인터가 ╋ 모양으로 변경되면 다음과 같이 드래그합니다.

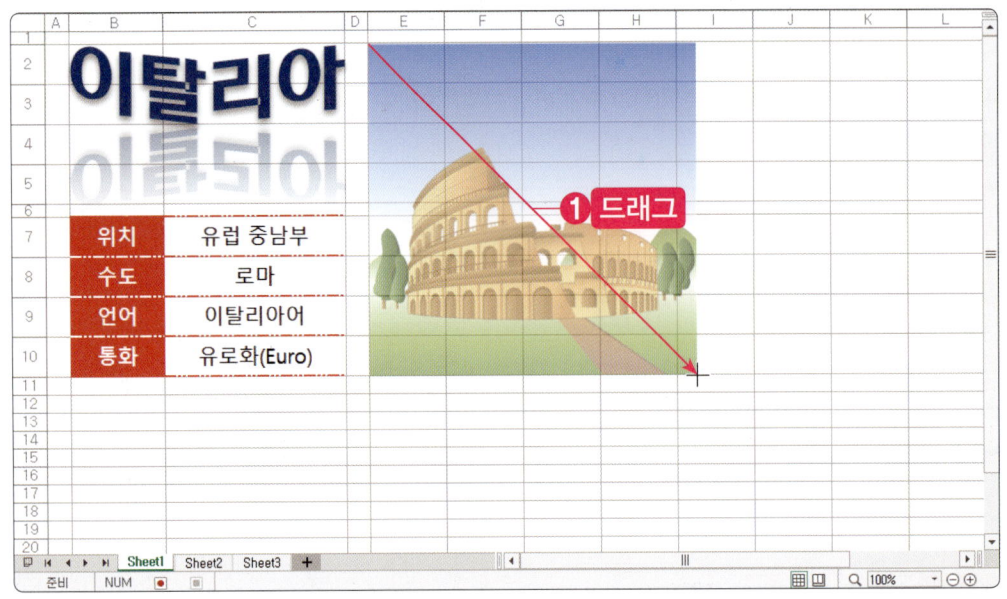

4 클립아트가 삽입되면 클립아트의 밝기를 조정하기 위해 [그림] 정황 탭에서 [밝기]를 클릭한 후 [+10%]를 클릭합니다.

> Tip
> 밝기는 클립아트나 그림의 상대적인 밝은 정도를 말합니다.

5 클립아트의 대비를 조정하기 위해 [그림] 정황 탭에서 [대비]를 클릭한 후 [+10%]를 클릭합니다.

> **Tip**
> 대비는 클립아트나 그림에서 가장 어두운 영역과 가장 밝은 영역 간의 차이를 말합니다.

6 다음과 같이 클립아트의 대비가 조정됩니다.

> **Tip**
> • 개체로 마우스 포인터를 가져가서 마우스 포인터가 모양으로 변경되었을 때 드래그하면 개체를 이동할 수 있습니다.
> • 개체를 선택한 후 Delete 를 누르면 개체를 지울 수 있습니다.

개체의 겹치는 순서 다시 매기기

개체를 서로 겹치면 나중에 삽입한 개체가 먼저 삽입한 개체 위에 겹쳐지는데요. 개체를 선택한 후 [워드숍]/ [그림]/ [도형] 정황 탭에서 [맨 앞으로]의 ▼[목록] 단추를 클릭한 다음 [맨 앞으로]/[앞으로]를 클릭하거나 [맨 뒤로]의 ▼[목록] 단추를 클릭한 다음 [맨 뒤로]/[뒤로]를 클릭하면 개체의 겹치는 순서를 다시 매길 수 있습니다. 워드숍을 선택하면 [워드숍] 정황 탭, 클립아트나 그림을 선택하면 [그림] 정황 탭, 도형을 선택하면 [도형] 정황 탭이 나타납니다.

맨 앞으로
선택한 개체(▷)가 맨 위로 이동

 ← 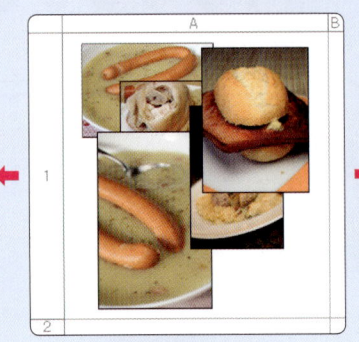 →

앞으로
선택한 개체(▷)가 한 단계 위로 이동

맨 뒤로
선택한 개체(▷)가 맨 아래로 이동

 ← 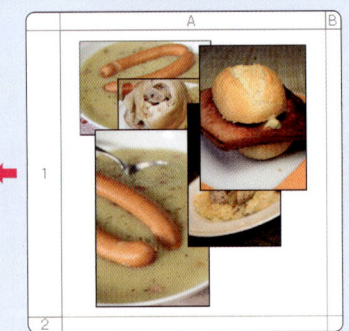 →

뒤로
선택한 개체(▷)가 한 단계 아래로 이동

01 다음과 같이 '중국' 파일을 연 후 워드숍을 활용하여 문서를 작성해 보세요.
- **워드숍** : 워드숍 스타일(가[스타일 6]), 글꼴(HY울릉도M), 워드숍 모양(▬[수축]), 선 색(검정), 반사 효과(◐[1/3 크기, 근접])

> **Hint**
> 워드숍을 선택한 후 A[워드숍] 정황 탭에서 ✐[선 색]의 ▼[목록] 단추를 클릭한 다음 [검정]을 클릭하면 워드숍에 선 색을 지정할 수 있습니다.

02 다음과 같이 클립아트를 활용하여 문서를 작성해 보세요.
- **클립아트** : 찾을 파일(중국), 파일 이름(🖼️[만리장성]), 밝기 조정(☀[-10%]), 대비 조정(◐[+10%])

도형과 그림 활용하기

Chapter 12

◆ 도형을 활용하는 방법에 대해 알아보겠습니다.
◆ 그림을 활용하는 방법에 대해 알아보겠습니다.

한셀에서는 선, 사각형, 블록 화살표, 수식 도형 등의 다양한 도형을 제공하는데요. 도형과 그림을 활용하면 문서를 돋보이게 꾸밀 수 있습니다.

THEME 01 · 도형 활용하기

1 '가락 악기' 파일을 연 후 도형을 그리기 위해 [입력] 탭에서 도형의 [자세히] 단추를 클릭합니다.

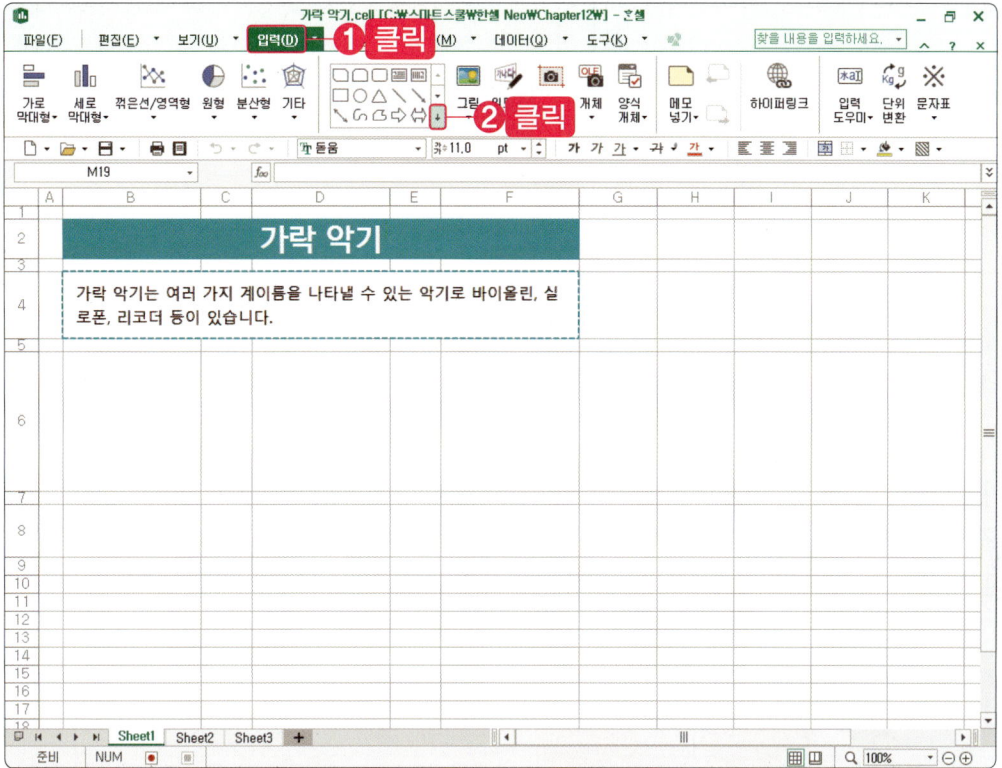

2 도형 목록이 나타나면 □[모서리가 둥근 직사각형]을 클릭합니다.

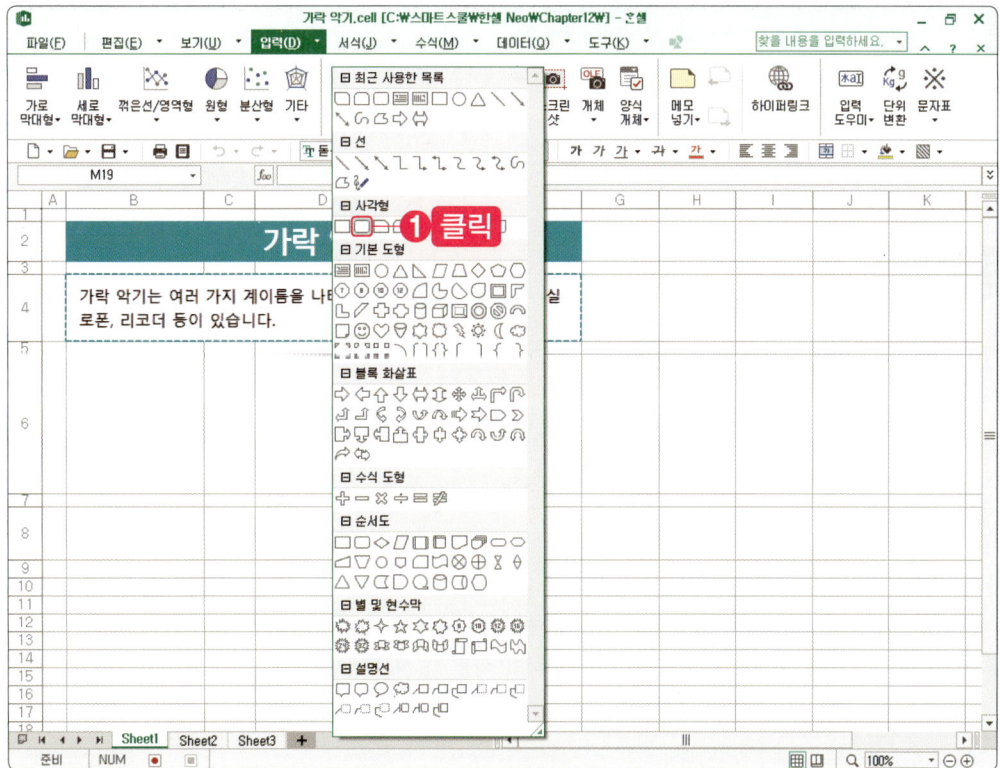

Chapter 12 – 도형과 그림 활용하기 **75**

3 마우스 포인터가 ╋ 모양으로 변경되면 다음과 같이 드래그합니다.

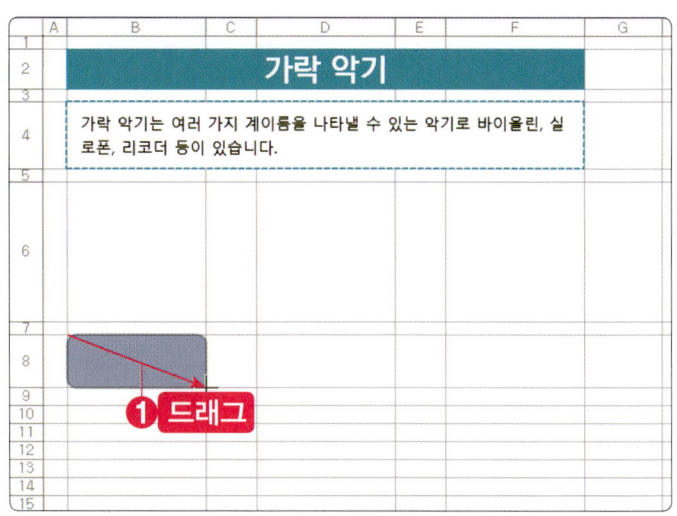

> **Tip**
> Shift를 누른 상태에서 직사각형이나 타원을 그리면 정사각형이나 정원(완전히 동그란 원)이 그려지고, Ctrl을 누른 상태에서 도형을 그리면 도형을 그리기 시작한 위치가 도형의 중심이 됩니다.

4 도형이 그려지면 도형 내용(바이올린)을 입력합니다. 그런 다음 도형에 글자와 맞춤 서식을 지정하기 위해 도형을 선택한 후 [서식] 탭에서 글꼴(HY강B)과 글자 크기(20)를 선택한 다음 ≡[가운데 정렬]을 클릭하고 ≡[가운데 맞춤]을 클릭합니다.

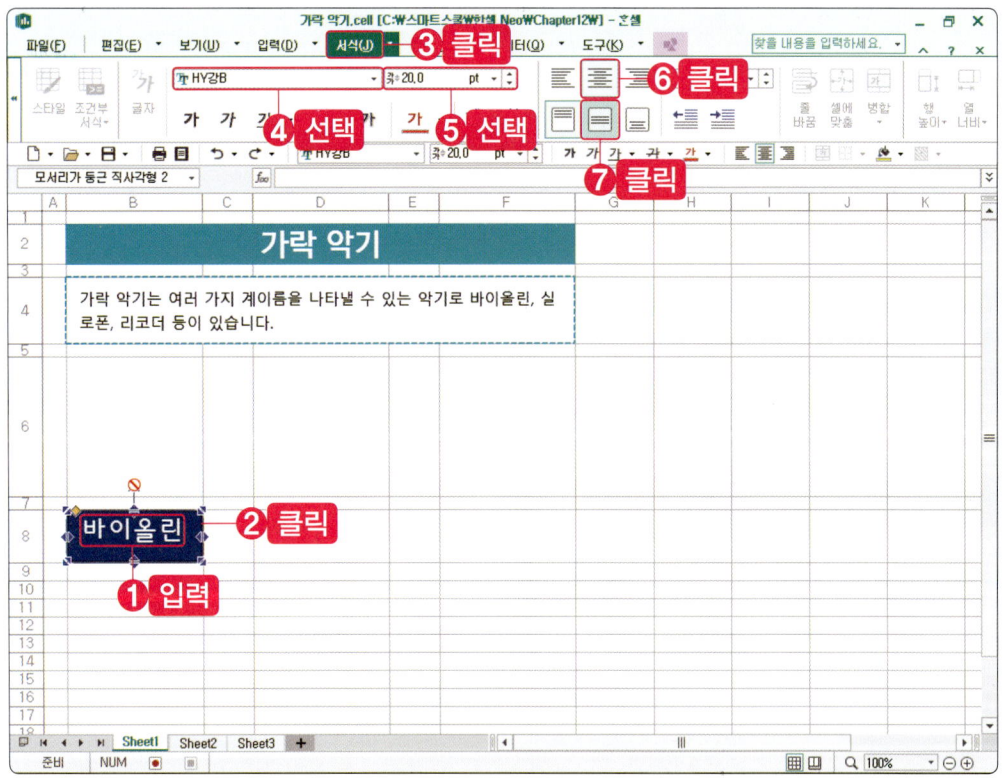

> **Tip**
> 도형을 선택한 후 바로 도형 텍스트를 입력하거나 도형의 바로 가기 메뉴에서 [도형 안에 글자 넣기]를 클릭하면 도형 내용을 입력할 수 있고, 도형 내용으로 마우스 포인터를 가져가서 마우스 포인터가 I 모양으로 변경되었을 때 클릭하면 도형 내용을 수정할 수 있습니다.

5 도형 스타일을 적용하기 위해 [도형] 정황 탭에서 도형 스타일의 [자세히] 단추를 클릭합니다.

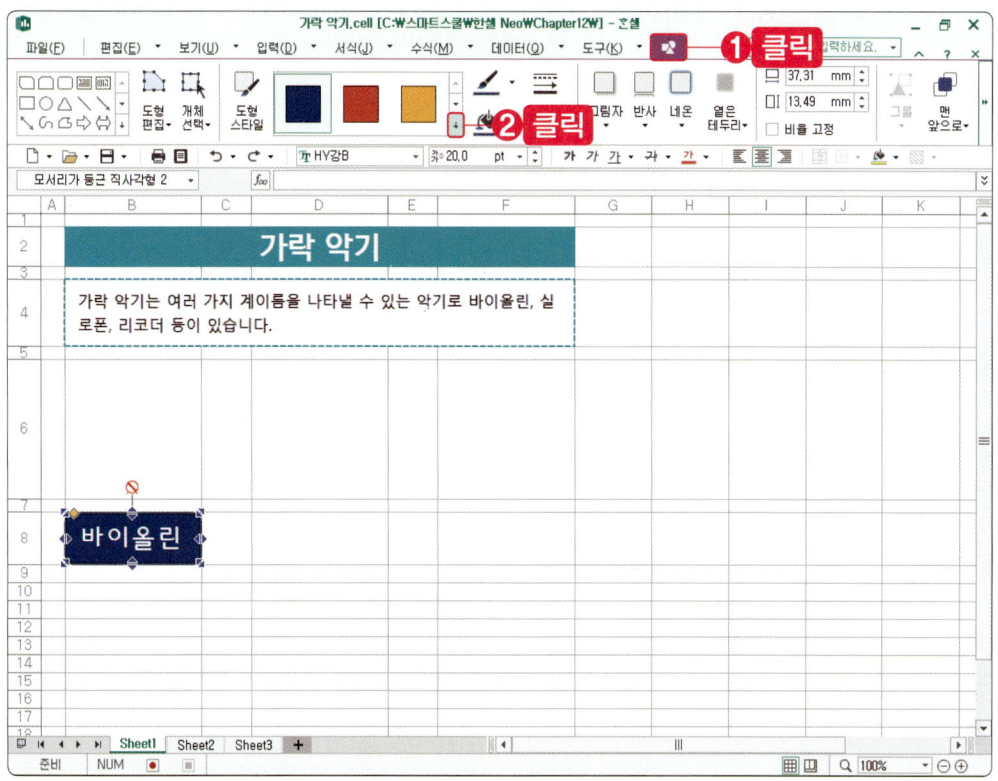

6 도형 스타일 목록이 나타나면 [강한 효과 – 강조 1]을 클릭합니다.

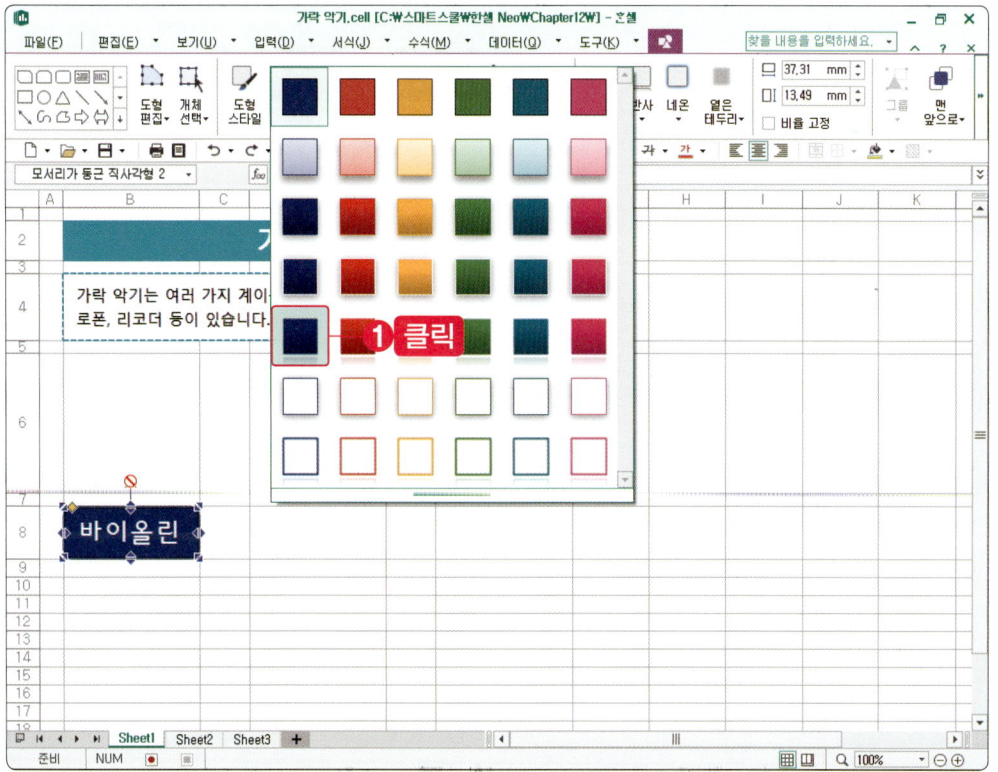

Chapter 12 – 도형과 그림 활용하기

7 도형을 복사하기 위해 다음과 같이 Ctrl과 Shift를 누른 상태에서 도형을 오른쪽으로 드래그합니다.

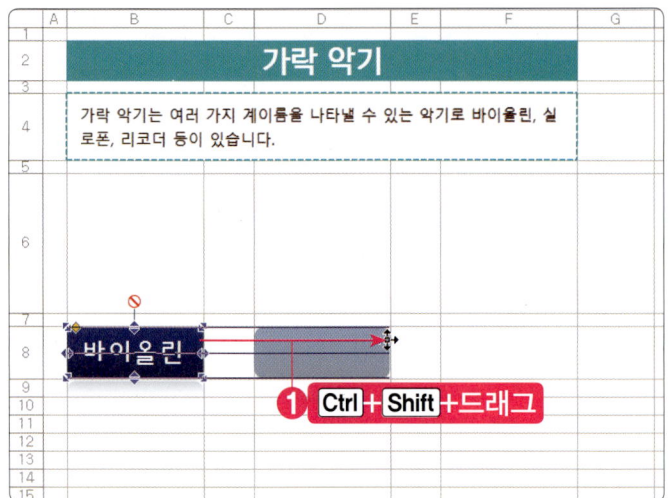

> Tip
> 도형을 선택한 후 Ctrl을 누른 상태에서 드래그하면 도형이 복사되고, Shift를 누른 상태에서 드래그하면 도형이 수평이나 수직 방향으로 이동됩니다.

8 같은 방법으로 다음과 같이 도형을 1개 더 복사한 후 도형 스타일을 적용한 다음 도형 내용을 수정합니다.

> Tip
> 도형 : 도형 스타일(❶■[강한 효과 – 강조 4] ❷■[강한 효과 – 강조 3])

THEME 02 그림 활용하기

1 그림을 삽입하기 위해 B6셀을 선택한 후 [입력] 탭에서 [그림]을 클릭합니다.

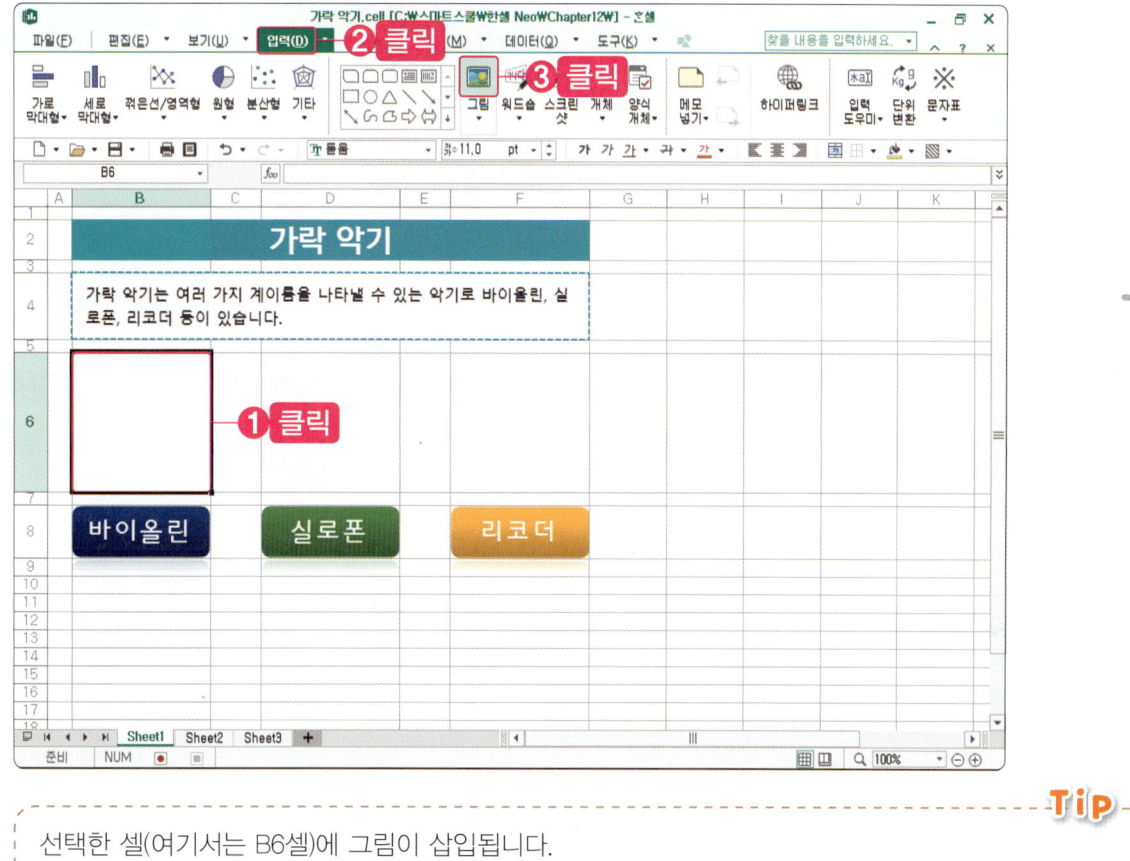

> **TiP**
> 선택한 셀(여기서는 B6셀)에 그림이 삽입됩니다.

2 [그림 넣기] 대화상자가 나타나면 찾는 위치(C:\스마트스쿨\한셀 Neo\Chapter12)를 선택한 후 파일(바이올린)을 선택한 다음 [넣기] 단추를 클릭합니다.

Chapter 12 - 도형과 그림 활용하기 **79**

3 그림이 삽입되면 다음과 같이 그림의 크기를 조정합니다.

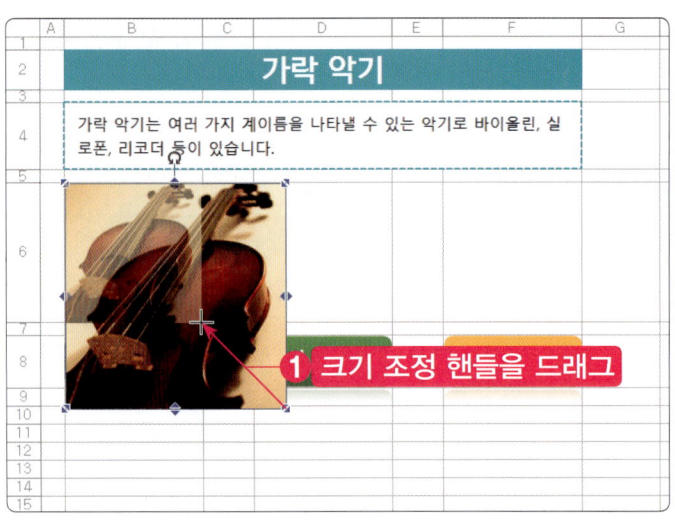

4 그림 도형을 지정하기 위해 [그림] 정황 탭에서 [그림 도형]을 클릭한 후 [대각선 방향의 모서리가 잘린 사각형]을 클릭합니다.

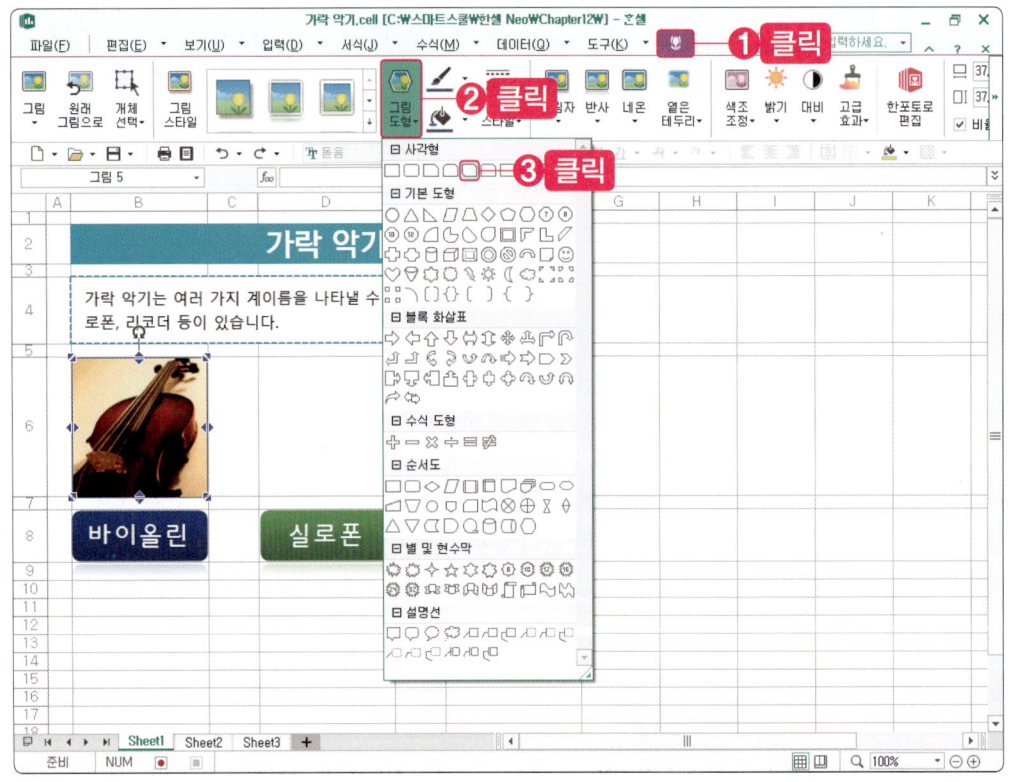

> **Tip**
> 그림이나 클립아트를 선택한 후 [그림] 정황 탭에서 [원래 그림으로]를 클릭하면 그림이나 클립아트에 지정한 그림 도형, 선 색, 고급 효과 등을 제거할 수 있고, 클립아트나 그림의 크기도 원래의 크기로 되돌릴 수 있습니다.

5 그림에 선 색을 지정하기 위해 [그림] 정황 탭에서 [선 색]의 ▼[목록] 단추를 클릭한 후 [바다색]을 클릭합니다.

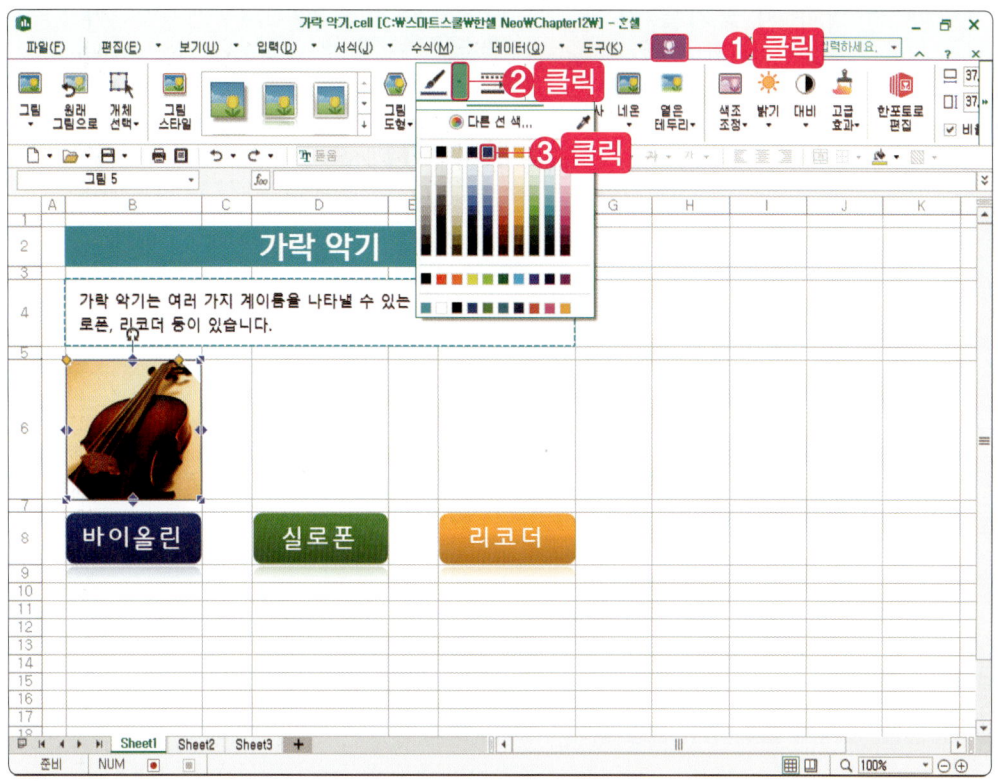

6 그림에 선 굵기를 지정하기 위해 [그림] 정황 탭에서 [선 스타일]을 클릭한 후 [선 굵기]-[4.5 pt]를 클릭합니다.

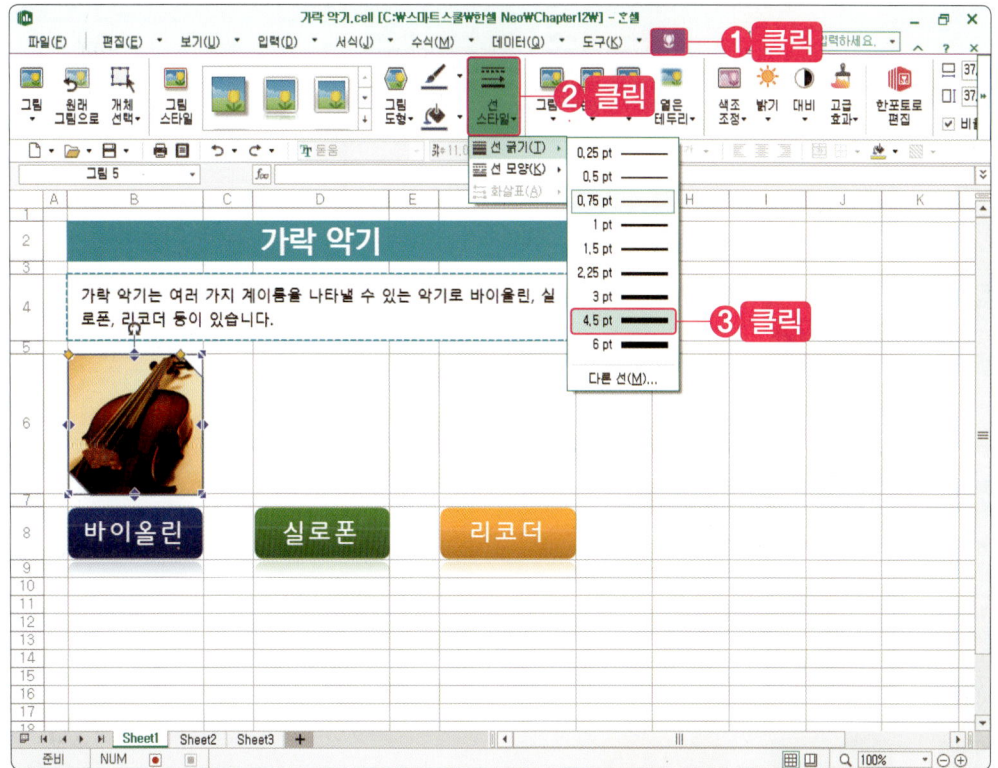

7 같은 방법으로 다음과 같이 그림을 삽입한 후 그림 도형을 지정한 다음 그림에 선 색과 선 굵기를 지정합니다.

> **Tip**
> 그림 : 찾는 위치(C:\스마트스쿨\한셀 Neo\Chapter12), 파일 이름(❶실로폰 ❷리코더), 그림 도형(□[대각선 방향의 모서리가 잘린 사각형]), 선 색(❶멜론색 ❷노른자색), 선 굵기(4.5 pt)

알아두면 실력튼튼

그림에 고급 효과 지정하기

다음과 같이 그림을 선택한 후 [그림] 정황 탭에서 [고급 효과]를 클릭하면 그림에 고급 효과를 지정할 수 있습니다.

01 다음과 같이 '리듬 악기' 파일을 연 후 도형을 활용하여 문서를 작성해 보세요.

- 도형 : ▢[대각선 방향의 모서리가 잘린 사각형], 글꼴(HY센스L), 글자 크기(20), ≡[가운데 정렬], ≡[가운데 맞춤], 도형 스타일(❶■[채우기 - 강조 2] ❷■[채우기 - 강조 6] ❸■[채우기 - 강조 5])

02 다음과 같이 그림을 활용하여 문서를 작성해 보세요.

- 그림 : 찾는 위치(C:\스마트스쿨\한셀 Neo\Chapter12), 파일 이름(❶탬버린 ❷트라이앵글 ❸마라카스), 그림 도형(▢[모서리가 둥근 직사각형]), 선 색(❶루비색 ❷진달래색 ❸에메랄드 블루), 선 굵기(4.5 pt)

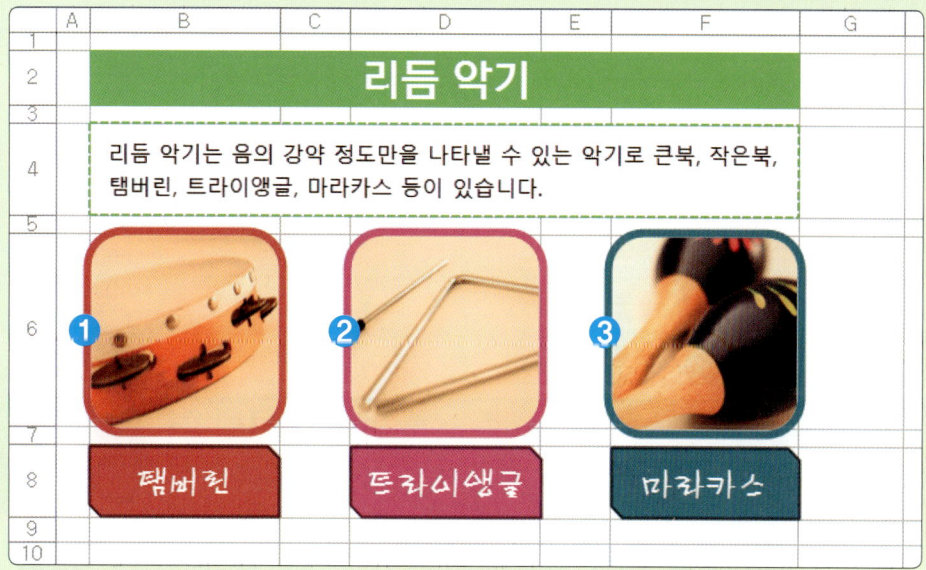

Chapter 12 - 도형과 그림 활용하기 **83**

수식 알아보기

Chapter 13

◆ 수식을 입력하는 방법에 대해 알아보겠습니다.
◆ 참조에 대해 알아보겠습니다.

한셀에서 수식은 셀 값을 계산하기 위한 식을 말하는데요. 수식은 '=SUM(A1,A3:A5)-B7-9'와 같이 등호(=), 함수(SUM(A1,A3:A5)), 연산자(-), 참조(B7), 상수(9)로 구성되어 있습니다.

남학생 수와 여학생 수

구분	이서희반	비율	조영민반	비율
남학생 수	14	61%	17	63%
여학생 수	9	39%	10	37%
학생 수 합계	23		27	
이서희반 여학생 비율과 조영민반 여학생 비율의 차이				2%

THEME 01 수식 입력하기

1 '남학생 수와 여학생 수' 파일을 연 후 이서희반 학생 수 합계를 구하기 위해 C7셀에 '=C5+C6'을 입력합니다.

알아두면 실력튼튼

수식 입력하기

수식 '=C5+C6'에서 셀 주소인 C5와 C6은 다음과 같이 셀을 클릭하여 입력할 수도 있습니다.

2 이서희반 학생 수 합계가 구해지면 조영민반 학생 수 합계를 구하기 위해 E7셀에 '=E5+E6'을 입력합니다.

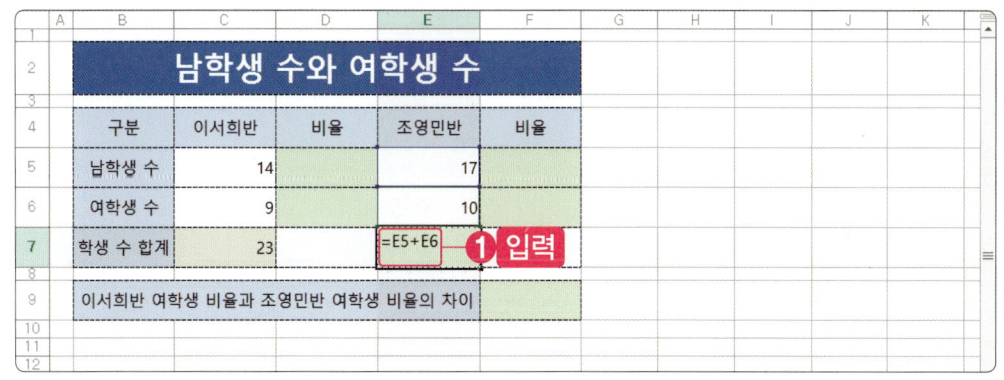

> **Tip** 수식을 입력하면 셀에는 결과값(23)이 나타나고, 수식 입력줄에는 입력한 수식(=C5+C6)이 나타납니다.

3 조영민반 학생 수 합계가 구해집니다.

알아두면 실력튼튼

수식의 구성

=SUM(A1,A3:A5)-B7-9
  ❶   ❷   ❸ ❹❸❺

❶ **등호** : 다음 내용이 수식이라는 것을 나타내는 기호입니다. 한셀에서 수식을 입력할 때는 '=SUM(A1,A3:A5)-B7-9'와 같이 등호를 먼저 입력해야 합니다. 등호를 입력하지 않고 'SUM(A1,A3:A5)-B7-9'만 입력하면 수식이 아닌 문자 데이터로 인식하여 계산할 수 없습니다.

❷ **함수** : 수식을 쉽고 빠르게 입력할 수 있도록 미리 정의되어 있는 수식입니다.

❸ **연산자** : 계산의 종류를 나타내는 기호입니다. 연산자에는 산술 연산자나 비교 연산자 등이 있습니다.

- **산술 연산자** : 더하기, 빼기, 곱하기, 나누기 등과 같은 기본적인 계산을 하는 연산자입니다.

연산자	기능	연산자	기능
+	더하기	-	음수
-	빼기	%	백분율
*	곱하기	^	거듭제곱
/	나누기		

	A	B	C	D	E	F	G	H	I
1									
2		데이터1	데이터2		수식	결과값	수식	결과값	
3		100	50		=B3+C3	150	=-B3	-100	
4					=B3-C3	50	=B3%	1	
5					=B3*C3	5000	=B3^2	10000	
6					=B3/C3	2			

- **비교 연산자** : 두 값을 비교하여 참이면 논리값 TRUE를 구하고, 거짓이면 논리값 FALSE를 구하는 연산자입니다.

연산자	기능	연산자	기능
=	같다	>=	크거나 같다(이상)
>	크다(초과)	<=	작거나 같다(이하)
<	작다(미만)	<>	같지 않다

	A	B	C	D	E	F	G	H	I
1									
2		데이터1	데이터2		수식	결과값	수식	결과값	
3		100	50		=B3=C3	FALSE	=B3>=C3	TRUE	
4					=B3>C3	TRUE	=B3<=C3	FALSE	
5					=B3<C3	FALSE	=B3<>C3	TRUE	

> 비교 연산자(>)의 왼쪽에 있는 셀 주소를 기준으로 'B3셀 값이 C3셀 값보다 크다.'고 표현합니다.

- **텍스트 연결 연산자** : 여러 값을 연결하여 하나의 텍스트로 만드는 연산자입니다.

연산자	기능
&	여러 값을 연결

	A	B	C	D	E	F
1						
2		데이터		수식	결과값	
3		Neo		="한셀 "&B3	한셀 Neo	

> 문자 데이터는 큰따옴표("")로 묶어 연결합니다. '한셀' 뒤에 1자리의 공백 문자열(" ")이 있습니다.

❹ **참조** : B7셀 값이 '2'인 경우, 셀 주소인 'B7'을 입력하면 B7셀 값인 '2'를 가져오는데, 이렇게 셀 주소를 사용하여 셀 값을 가져오는 것을 '참조'라고 합니다.

❺ **상수** : 수식에 직접 입력하는 문자나 숫자입니다.

THEME 02 참조 알아보기

1 이서희반 남학생 비율과 여학생 비율을 구하기 위해 D5셀에 '=C5/$C$7'을 입력합니다.

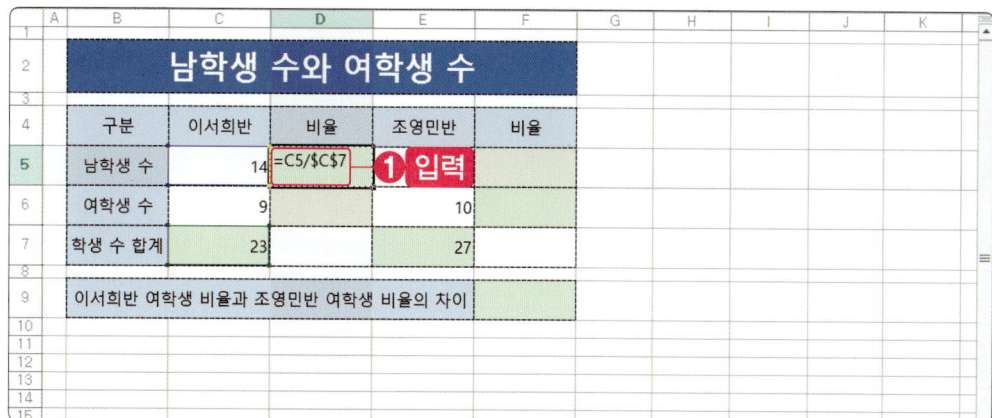

> **TIP**
> 수식 '=C5/$C$7'에서 '$C$7'은 C7셀을 클릭한 후 F4를 누르면 쉽고 빠르게 입력할 수 있습니다.

2 D5셀을 선택한 후 자동 채우기 핸들을 D6셀까지 드래그합니다.

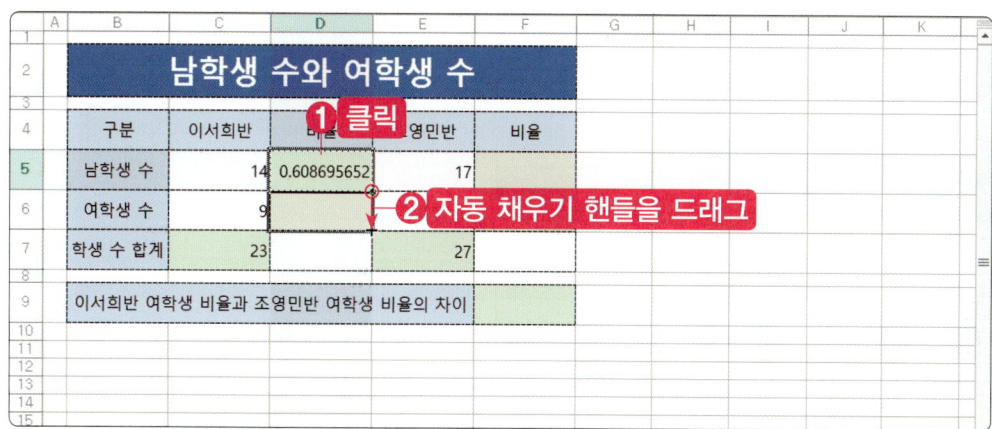

3 이서희반 남학생 비율과 여학생 비율이 구해지면 조영민반 남학생 비율과 여학생 비율을 구하기 위해 F5셀에 '=E5/$E$7'을 입력합니다.

Chapter 13 - 수식 알아보기 **87**

4 F5셀을 선택한 후 자동 채우기 핸들을 F6셀까지 드래그합니다.

5 조영민반 남학생 비율과 여학생 비율이 구해지면 비율을 백분율 스타일로 표시하기 위해 D5:D6셀 범위와 F5:F6셀 범위를 선택한 후 [서식] 탭에서 %[백분율 스타일]을 클릭합니다.

알아두면 실력튼튼

시트에 수식 나타내기

다음과 같이 Ctrl+~을 누르면 시트에 수식이 나타나고, 다시 Ctrl+~을 누르면 시트에 결과값이 나타납니다.

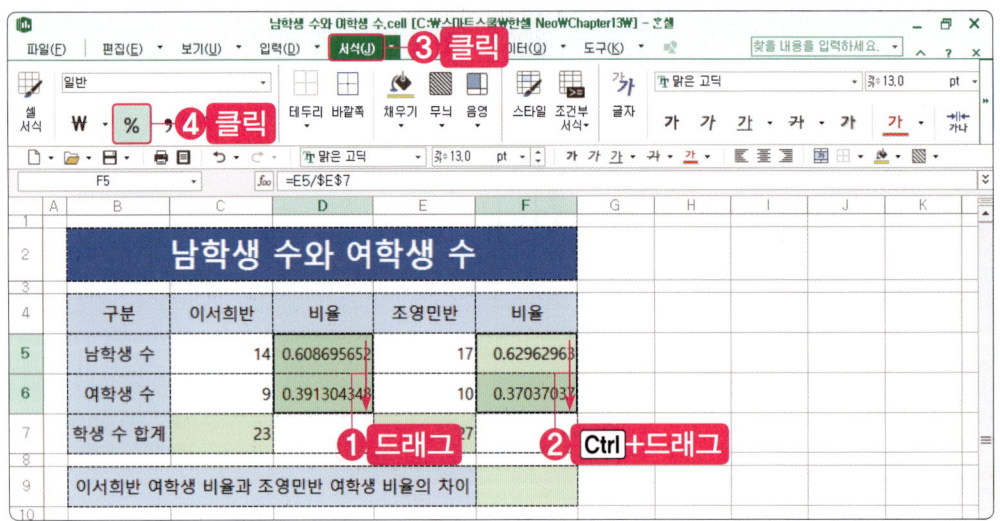

	구분	이서희반	비율	조영민반	비율
5	남학생 수	14	=C5/$C$7	17	=E5/$E$7
6	여학생 수	9	=C6/$C$7	10	=E6/$E$7
7	학생 수 합계	=C5+C6		=E5+E6	
9	이서희반 여학생 비율과 조영민반 여학생 비율의 차이				

6 비율이 백분율 스타일로 표시되면 이서희반 여학생 비율과 조영민반 여학생 비율의 차이를 구하기 위해 F9셀에 '=D6-F6'을 입력합니다.

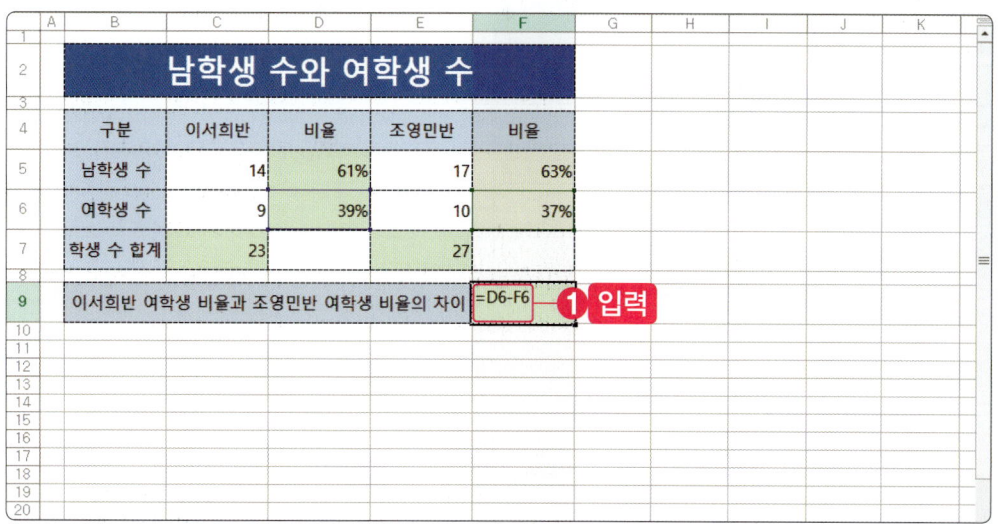

알아두면 실력튼튼

재계산되는지 확인하기

한셀에서 수식을 입력할 때 '=14+9'와 같이 셀 값을 입력하여 계산하지 않고, '=C5+C6'과 같이 셀 주소를 입력하여 계산하면 다음과 같이 셀 값이 변경되는 경우에 재계산되는데요. 재계산이 안 되는 경우에는 [도구] 탭에서 [환경 설정]을 클릭하면 나타나는 [환경 설정] 대화상자의 [수식] 탭에서 계산 방법이 '자동'으로 선택되어 있는지 확인합니다.

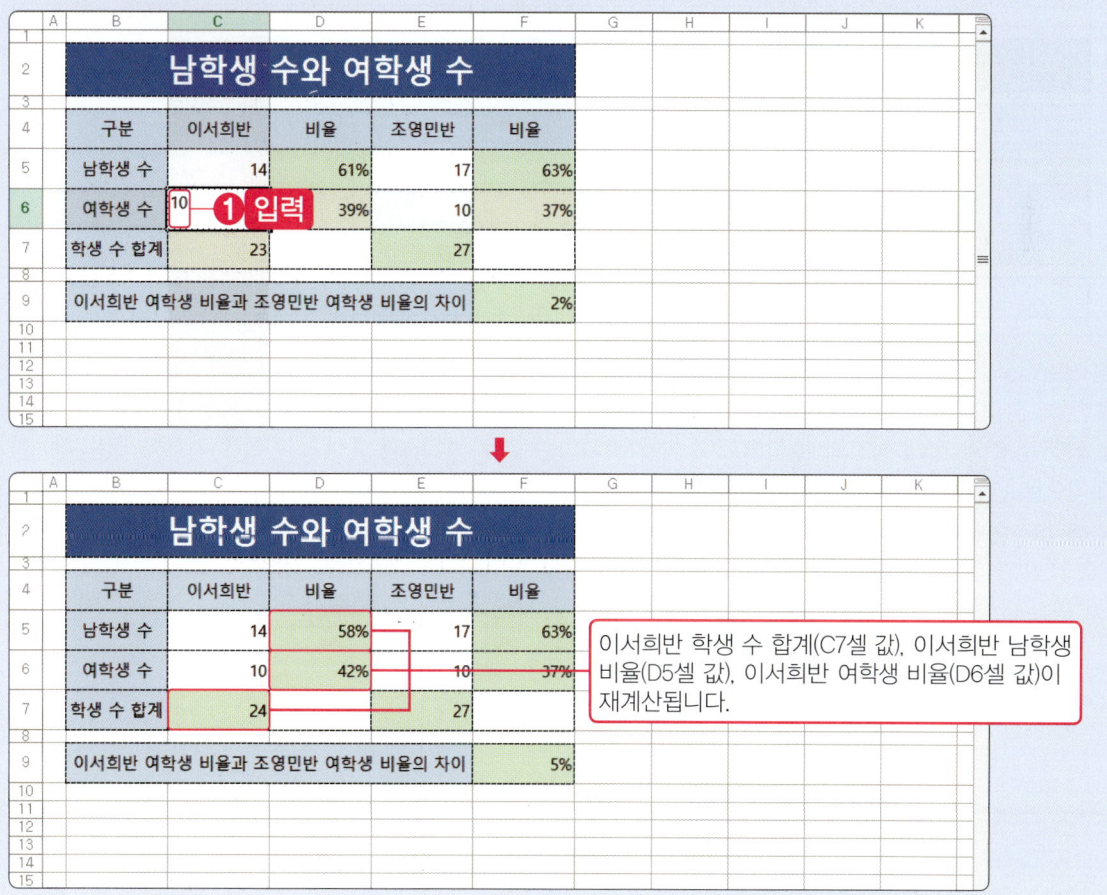

이서희반 학생 수 합계(C7셀 값), 이서희반 남학생 비율(D5셀 값), 이서희반 여학생 비율(D6셀 값)이 재계산됩니다.

Chapter 13 – 수식 알아보기 **89**

7 다음과 같이 이서희반 여학생 비율과 조영민반 여학생 비율의 차이가 구해집니다.

구분	이서희반	비율	조영민반	비율
남학생 수	14	61%	17	63%
여학생 수	9	39%	10	37%
학생 수 합계	23		27	
이서희반 여학생 비율과 조영민반 여학생 비율의 차이				2%

알아두면 실력튼튼

참조 알아보기

한셀에는 참조하는 방법에 따라 상대 참조, 절대 참조, 혼합 참조가 있는데요. 상대 참조는 수식을 복사하는 경우, 참조하는 행과 열이 상대적으로 변경되는 것을 말하고, 절대 참조는 변경되지 않는 것을 말합니다. 이서희반 남학생 비율과 여학생 비율(D5:D6셀 범위)에서 수식을 확인해 보면 '/' 연산자를 기준으로 앞의 셀 주소는 C5에서 C6으로 변경되었지만 뒤의 셀 주소는 $C$7로 변경되지 않은 것을 확인할 수 있는데요. D5셀에 입력한 수식 '=C5/$C$7'에서 C5는 상대 참조이고, $C$7은 절대 참조인 것입니다.

구분	이서희반	비율	조영민반	비율
남학생 수	14	=C5/$C$7	17	=E5/$E$7
여학생 수	9	=C6/$C$7	10	=E6/$E$7
학생 수 합계	=C5+C6		=E5+E6	
이서희반 여학생 비율과 조영민반 여학생 비율의 차이				=D6-F6

상대 참조는 C5와 같이 행과 열 앞에 $ 기호가 없지만 절대 참조는 $C$7과 같이 행과 열 앞에 $ 기호가 있습니다. 반면에 혼합 참조는 C$7과 같이 행 앞에 $ 기호가 있거나 $C7과 같이 열 앞에 $ 기호가 있는데요. 혼합 참조는 상대 참조와 절대 참조의 혼합으로 수식을 복사하는 경우, 행과 열 중에서 한쪽($ 기호가 없는 행/열)은 상대적으로 변경되고, 다른 한쪽($ 기호가 있는 행/열)은 변경되지 않습니다.

참조는 셀 주소를 입력한 후 F4를 누르면 F4를 누를 때마다 다음과 같은 순서로 변경됩니다.

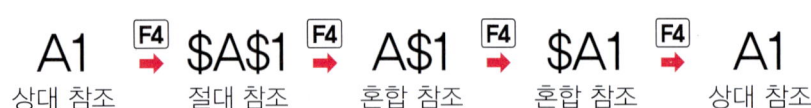

A1 (상대 참조) → $A$1 (절대 참조) → A$1 (혼합 참조) → $A1 (혼합 참조) → A1 (상대 참조)

01 다음과 같이 '가족과 함께하는 시간' 파일을 연 후 남자 시간 합계와 여자 시간 합계를 구해 보세요.

- 남자 시간 합계 : 남자 식사 시간 + 남자 가사 시간 + 남자 가족 보살피는 시간
- 여자 시간 합계 : 여자 식사 시간 + 여자 가사 시간 + 여자 가족 보살피는 시간

구분	남자	비율	여자	비율
				(단위:분)
식사 시간	34		40	
가사 시간	27		146	
가족 보살피는 시간	10		40	
시간 합계	71		226	

02 다음과 같이 남자 시간 비율과 여자 시간 비율을 구한 후 비율을 백분율 스타일로 표시해 보세요.

- 남자 시간 비율 : 해당 시간(남자 식사 시간, 남자 가사 시간, 남자 가족 보살피는 시간) ÷ 남자 시간 합계
- 여자 시간 비율 : 해당 시간(여자 식사 시간, 여자 가사 시간, 여자 가족 보살피는 시간) ÷ 여자 시간 합계

구분	남자	비율	여자	비율
식사 시간	34	48%	40	18%
가사 시간	27	38%	146	65%
가족 보살피는 시간	10	14%	40	18%
시간 합계	71		226	

Hint
D6셀에 '=C6/$C$9'를 입력한 후 D6셀을 선택한 다음 자동 채우기 핸들을 D8셀까지 드래그하면 남자 시간 비율을 구할 수 있습니다.

함수 알아보기

Chapter 14

◆ 자동 합계를 사용하는 방법에 대해 알아보겠습니다.
◆ 함수 마법사를 사용하는 방법에 대해 알아보겠습니다.

함수를 사용하면 연산자를 반복해서 사용하거나 연산자만으로 해결할 수 없는 수식을 쉽고 빠르게 처리할 수 있는데요. 함수는 수식의 한 부분이므로 수식과 마찬가지로 등호(=)로 시작합니다.

실험도구 구입량

실험도구	이서희	조영민	구입량
깔때기	7	5	12
비커	5	4	9
시험관	6	2	8
삼발이	3	5	8
쇠그물	2	1	3
구입량 합계			40

THEME 01 자동 합계 사용하기

1 '실험도구 구입량' 파일을 연 후 자동 합계를 사용하여 구입량을 구하기 위해 E5셀을 선택한 다음 [편집] 탭에서 [자동 합계]를 클릭합니다.

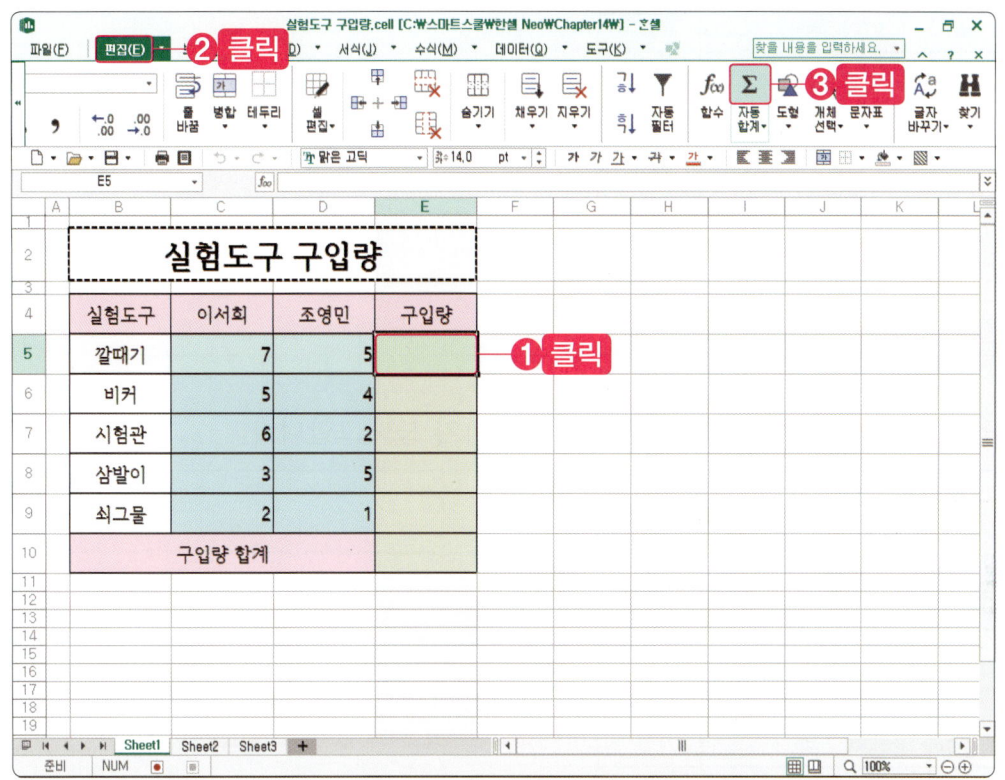

> **Tip**
> - 자동 합계는 한셀에서 가장 많이 사용하는 함수를 아이콘으로 만들어 놓은 것입니다.
> - [자동 합계]를 클릭하면 합계만 구할 수 있지만 [자동 합계]의 ▼[목록] 단추를 클릭하면 합계뿐만 아니라 평균, 개수, 최댓값(가장 큰 값), 최솟값(가장 작은 값)도 구할 수 있습니다.

알아두면 실력튼튼

함수의 구성

함수는 등호, 함수 이름, 인수로 구성되어 있으며 '인수'라는 특정값을 사용하여 결과값을 구하는데요. TODAY 함수처럼 인수가 필요 없는 함수도 있지만 거의 대부분의 함수는 인수를 필요로 합니다. 인수는 괄호로 묶으며 인수가 여러 개인 경우에는 쉼표(,)로 구분하여 입력합니다.

=SUM(A1,A3:A5)   인수1, 인수2 → 함수 → 결과값
(함수 이름) (인수1) (인수2)

Chapter 14 – 함수 알아보기

2 E5셀에 '=SUM(C5:D5)'가 나타나면 Enter를 누릅니다.

3 E5셀을 선택한 후 자동 채우기 핸들을 E9셀까지 드래그합니다.

4 다음과 같이 구입량이 구해집니다.

실험도구	이서희	조영민	구입량
깔때기	7	5	12
비커	5	4	9
시험관	6	2	8
삼발이	3	5	8
쇠그물	2	1	3
구입량 합계			

알아두면 실력튼튼

자동 합계에서 사용하는 함수

자동 합계에서 합계는 SUM 함수, 평균은 AVERAGE 함수, 개수는 COUNT 함수, 최댓값은 MAX 함수, 최솟값은 MIN 함수를 사용하여 구합니다.

- **SUM 함수**
  - 구문 : SUM(number1, [number2], …)
  - 설명 : number1, [number2], …의 합계를 구합니다.
- **AVERAGE 함수**
  - 구문 : AVERAGE(number1, [number2], …)
  - 설명 : number1, [number2], …의 평균을 구합니다.
- **COUNT 함수**
  - 구문 : COUNT(value1, [value2], …)
  - 설명 : value1, [value2], …에서 숫자가 있는 셀의 개수를 구합니다.
- **MAX 함수**
  - 구문 : MAX(number1, [number2], …)
  - 설명 : number1, [number2], … 중에서 가장 큰 값을 구합니다.
- **MIN 함수**
  - 구문 : MIN(number1, [number2], …)
  - 설명 : number1, [number2], … 중에서 가장 작은 값을 구합니다.

	실험도구	구입량		수식	결과값
3	깔때기	12	❶	=SUM(C3:C7)	32
4	비커	9	❷	=AVERAGE(C3:C7)	8
5	시험관	8	❸	=COUNT(C3:C7)	4
6	삼발이		❹	=MAX(C3:C7)	12
7	쇠그물	3	❺	=MIN(C3:C7)	3

❶ 구입량(C3:C7)의 합계를 구합니다. C6셀은 빈 셀(데이터가 없는 셀)입니다. SUM 함수는 빈 셀을 무시하고 계산합니다.

❷ 구입량(C3:C7)의 평균을 구합니다. AVERAGE 함수는 빈 셀을 무시하고 계산합니다.

❸ 구입량(C3:C7)에서 숫자가 있는 셀의 개수를 구합니다.

❹ 구입량(C3:C7) 중에서 가장 많은 구입량을 구합니다.

❺ 구입량(C3:C7) 중에서 가장 적은 구입량을 구합니다.

THEME 02 함수 마법사 사용하기

1 함수 마법사를 사용하여 구입량 합계를 구하기 위해 E10셀을 선택한 후 [편집] 탭에서 [함수]를 클릭합니다.

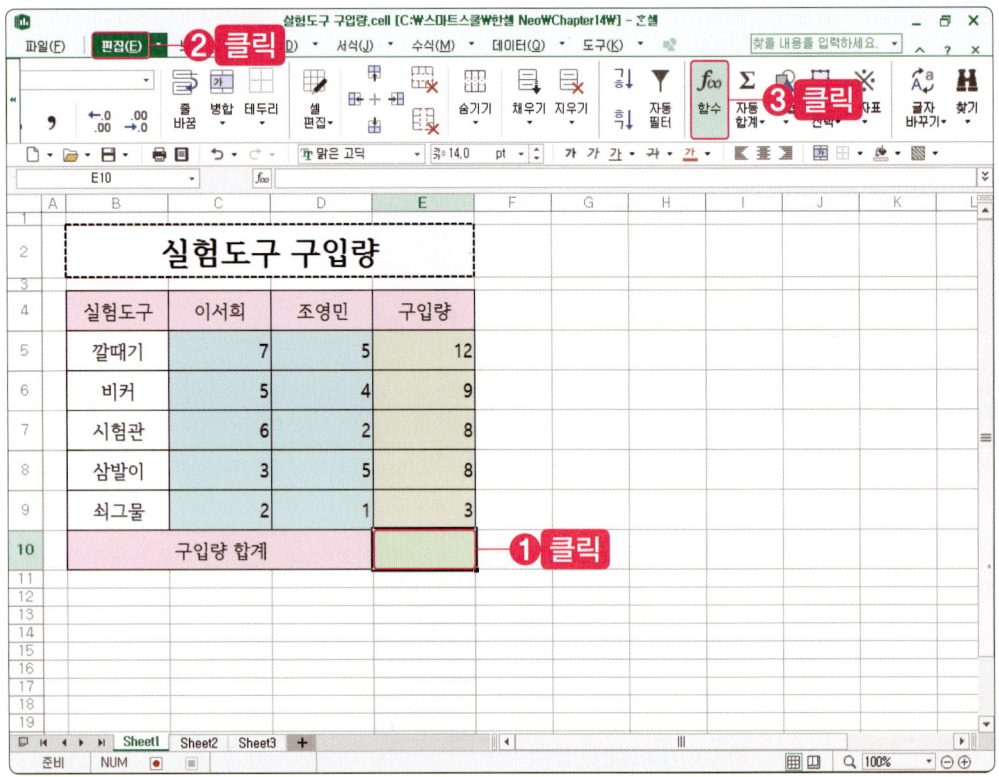

> **Tip**
> - 함수 마법사를 사용하면 함수에 대한 정보를 얻을 수 있어서 함수를 쉽고 빠르게 입력할 수 있습니다.
> - [수식] 탭에서 [함수]를 클릭하거나 Shift+F3을 눌러 함수 마법사를 사용하여 구입량 합계를 구할 수도 있습니다.

2 [함수 마법사] 대화상자가 나타나면 함수 분류(수학)를 선택한 후 함수 이름(SUM)을 선택한 다음 [확인] 단추를 클릭합니다.

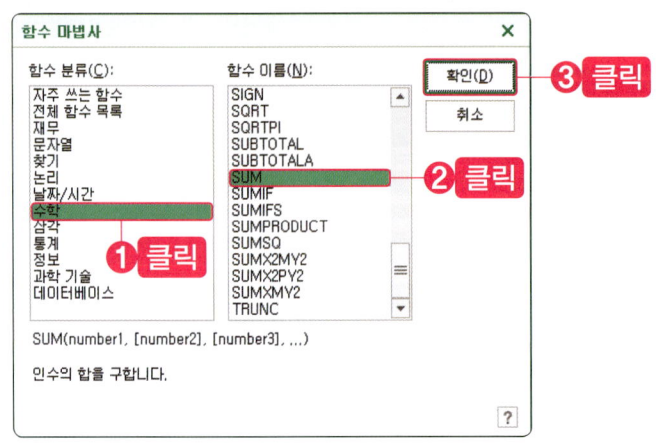

> **Tip**
> 함수 마법사는 함수를 날짜/시간, 수학, 삼각, 통계 등 11가지로 분류하여 제공합니다.

3 SUM 함수의 [함수 인수] 대화상자가 나타나면 number1(E5:E9)을 입력한 후 [확인] 단추를 클릭합니다.

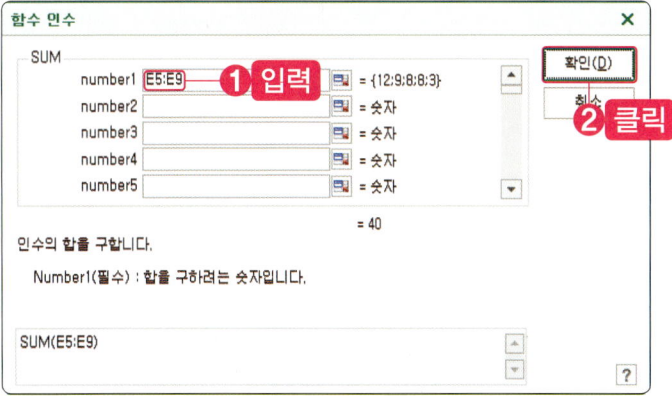

> **Tip**
> number1의 🔳을 클릭한 후 E5:E9셀 범위를 드래그하면 number1을 쉽고 빠르게 입력할 수 있습니다.

알아두면 실력튼튼

도움말

[함수 인수] 대화상자에서 ?[도움말]을 클릭하면 다음과 같이 함수에 대한 정보를 얻을 수 있습니다.

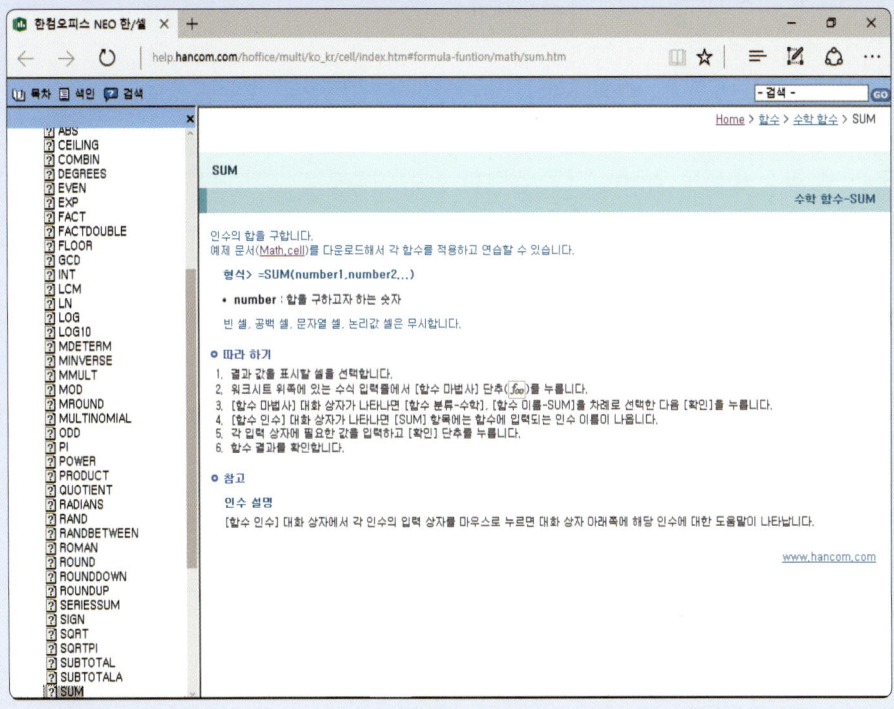

4 다음과 같이 구입량 합계가 구해집니다.

Chapter 14 – 함수 알아보기 **97**

알아두면 실력튼튼

함수를 입력하는 다른 방법

- **방법1** : 셀을 선택한 후 [수식] 탭에서 함수 분류(재무, 문자열, 찾기 등)를 선택한 다음 함수를 선택합니다.

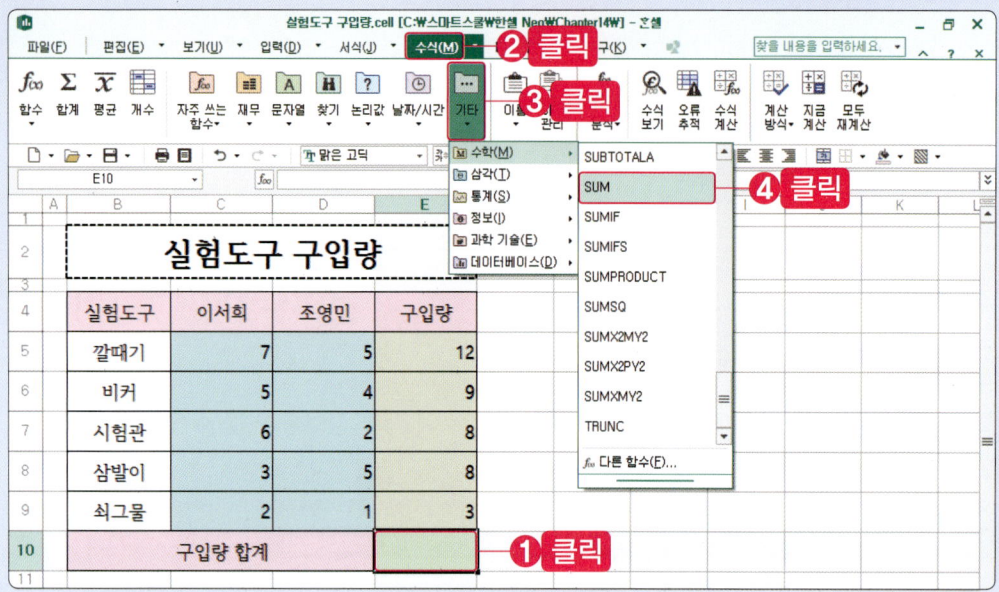

- **방법2** : 셀에 등호를 입력한 후 함수 이름을 입력한 다음 입력한 함수 이름으로 시작하는 함수 목록이 나타나면 함수를 선택하고 Tab 을 누르거나 더블클릭합니다.

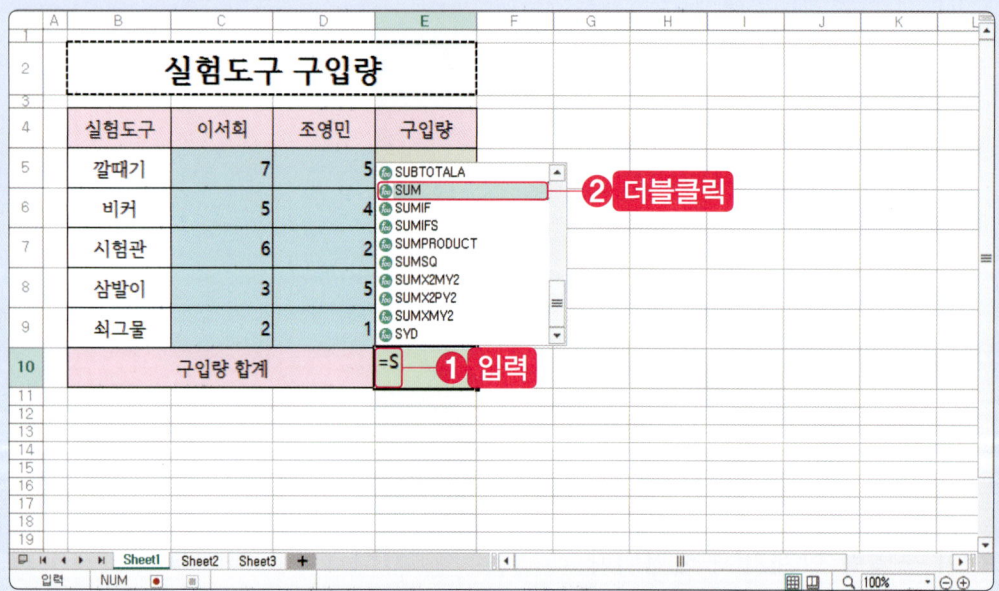

01 다음과 같이 '학용품 구입액' 파일을 연 후 구입액을 구한 다음 자동 합계를 사용하여 구입액 합계를 구해 보세요.

- 구입액 : 수량 X 단가
- 구입액 합계 : 자동 합계(합계)

	A	B	C	D	E	F	G	H
1								
2			학용품 구입액					
3								
4		학용품	수량	단가	구입액			
5		연필	10	300	3,000			
6		지우개	2	150	300			
7		자	3	700	2,100			
8		가위	1	700	700			
9		칼	2	500	1,000			
10		구입액 합계			7,100			
11		구입액 평균						
12								

Hint

E10셀을 선택한 후 [편집] 탭에서 [자동 합계]를 클릭하면 자동 합계를 사용하여 구입액 합계를 구할 수 있습니다.

02 다음과 같이 함수 마법사를 사용하여 구입액 평균을 구해 보세요.

- 구입액 평균 : 함수 마법사(함수 분류(통계), 함수 이름(AVERAGE))

	A	B	C	D	E	F	G	H
1								
2			학용품 구입액					
3								
4		학용품	수량	단가	구입액			
5		연필	10	300	3,000			
6		지우개	2	150	300			
7		자	3	700	2,100			
8		가위	1	700	700			
9		칼	2	500	1,000			
10		구입액 합계			7,100			
11		구입액 평균			1,420			
12								

Chapter 14 - 함수 알아보기

함수 활용하기

Chapter 15

◆ 문자열 함수를 활용하는 방법에 대해 알아보겠습니다.
◆ 통계 함수를 활용하는 방법에 대해 알아보겠습니다.

문자열 함수는 문자열(일련의 문자)을 다루기 위한 함수로 LEFT, RIGHT, MID 함수 등이 있고, 통계 함수는 데이터를 분석하기 위한 함수로 RANK, MAX, MIN 함수 등이 있습니다.

영어 카드 보유량

이름-모둠-번호	보유량	이름	번호	모둠	순위
이서희-해님-1	97	이서희	1	해님	1
조영민-달님-1	48	조영민	1	달님	4
유은영-달님-2	59	유은영	2	달님	3
김선희-해님-2	62	김선희	2	해님	2
최대 보유량					97
최소 보유량					48

THEME 01 문자열 함수 활용하기

1 '영어 카드 보유량' 파일을 연 후 이름을 구하기 위해 D5셀에 '=LEFT(B5,3)'을 입력합니다.

2 번호를 구하기 위해 E5셀에 '=RIGHT(B5,1)'을 입력합니다.

3 모둠을 구하기 위해 F5셀에 '=MID(B5,5,2)'를 입력합니다.

> **Tip**
> - =LEFT(B5,3) : 이름-모둠-번호(B5)에서 왼쪽부터 세 문자(3)를 구합니다.
> - =RIGHT(B5,1) : 이름-모둠-번호(B5)에서 오른쪽부터 한 문자(1)를 구합니다.
> - =MID(B5,5,2) : 이름-모둠-번호(B5)에서 다섯 번째 문자(5)부터 두 문자(2)를 구합니다.

4 D5:F5셀 범위를 선택한 후 자동 채우기 핸들을 F8셀까지 드래그합니다.

알아두면 실력튼튼

LEFT 함수

- 구문 : LEFT(text, [num_chars])
- 설명 : text에서 왼쪽부터 num_chars만큼의 문자를 구합니다. num_chars를 생략하면 1로 간주합니다.

RIGHT 함수

- 구문 : RIGHT(text, [num_chars])
- 설명 : text에서 오른쪽부터 num_chars만큼의 문자를 구합니다. num_chars를 생략하면 1로 간주합니다.

MID 함수

- 구문 : MID(text, start_num, num_chars)
- 설명 : text에서 start_num 번째 문자부터 num_chars만큼의 문자를 구합니다.

5 다음과 같이 이름, 번호, 모듬이 구해집니다.

THEME 02 통계 함수 활용하기

1 순위를 구하기 위해 G5셀에 '=RANK(C5,$C$5:$C$8,0)'을 입력합니다.

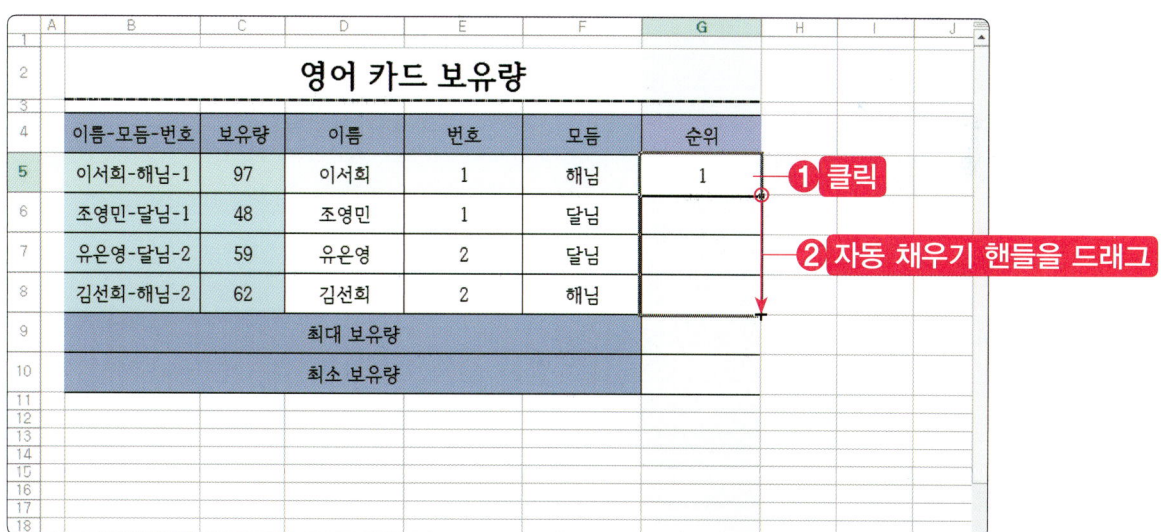

> **Tip**
> =RANK(C5,$C$5:$C$8,0) : 이서희의 보유량(C5)이 모든 학생의 보유량($C$5:$C$8) 중에서 몇 번째로 많은 보유량인지(0)를 구하는데요. 모든 학생의 보유량($C$5:$C$8)은 G5:G8셀 범위의 모든 셀에서 변경되지 않고 참조해야 하므로 절대 참조로 입력해야 합니다.

2 G5셀을 선택한 후 자동 채우기 핸들을 G8셀까지 드래그합니다.

알아두면 실력튼튼

RANK 함수

- **구문** : RANK(number, ref, [order])
- **설명** : number가 ref에 있는 숫자 중에서 몇 번째로 큰 숫자인지(order가 0이거나 생략된 경우), 작은 숫자인지(order가 0 이외의 숫자인 경우)를 구합니다.

3 순위가 구해지면 최대 보유량을 구하기 위해 G9셀에 '=MAX(C5:C8)'을 입력합니다.

	A	B	C	D	E	F	G	H	I	J
1										
2				영어 카드 보유량						
3										
4		이름-모둠-번호	보유량	이름	번호	모둠	순위			
5		이서희-해님-1	97	이서희	1	해님	1			
6		조영민-달님-1	48	조영민	1	달님	4			
7		유은영-달님-2	59	유은영	2	달님	3			
8		김선희-해님-2	62	김선희	2	해님	2			
9				최대 보유량			=MAX(C5:C8)			
10				최소 보유량						

Tip
=MAX(C5:C8) : 보유량(C5:C8) 중에서 가장 많은 보유량을 구합니다.

4 최대 보유량이 구해지면 최소 보유량을 구하기 위해 G10셀에 '=MIN(C5:C8)'을 입력합니다.

	A	B	C	D	E	F	G	H	I	J
1										
2				영어 카드 보유량						
3										
4		이름-모둠-번호	보유량	이름	번호	모둠	순위			
5		이서희-해님-1	97	이서희	1	해님	1			
6		조영민-달님-1	48	조영민	1	달님	4			
7		유은영-달님-2	59	유은영	2	달님	3			
8		김선희-해님-2	62	김선희	2	해님	2			
9				최대 보유량			97			
10				최소 보유량			=MIN(C5:C8)			

Tip
=MIN(C5:C8) : 보유량(C5:C8) 중에서 가장 적은 보유량을 구합니다.

5 다음과 같이 최소 보유량이 구해집니다.

	A	B	C	D	E	F	G	H	I	J
1										
2				영어 카드 보유량						
3										
4		이름-모둠-번호	보유량	이름	번호	모둠	순위			
5		이서희-해님-1	97	이서희	1	해님	1			
6		조영민-달님-1	48	조영민	1	달님	4			
7		유은영-달님-2	59	유은영	2	달님	3			
8		김선희-해님-2	62	김선희	2	해님	2			
9				최대 보유량			97			
10				최소 보유량			48			

Jump Jump

01 다음과 같이 '사파리 카드 보유량' 파일을 연 후 문자열 함수를 활용하여 이름, 번호, 카드명을 구해 보세요.

- **이름** : 이름-카드명-번호에서 왼쪽부터 세 문자를 구합니다(LEFT 함수).
- **번호** : 이름-카드명-번호에서 오른쪽부터 두 문자를 구합니다(RIGHT 함수).
- **카드명** : 이름-카드명-번호에서 다섯 번째 문자부터 세 문자를 구합니다(MID 함수).

	A	B	C	D	E	F	G
2		사파리 카드 보유량					
4		이름-카드명-번호	보유량	이름	번호	카드명	순위
5		박상익-LIO-11	15	박상익	11	LIO	
6		이홍수-LIO-23	20	이홍수	23	LIO	
7		박민정-TIG-19	19	박민정	19	TIG	
8		하다혜-ELE-52	12	하다혜	52	ELE	
9		최대 보유량					
10		최소 보유량					

02 다음과 같이 통계 함수를 활용하여 순위, 최대 보유량, 최소 보유량을 구해 보세요.

- **순위** : 해당 학생의 보유량이 모든 학생의 보유량 중에서 몇 번째로 적은 보유량인지를 구합니다(RANK 함수).
- **최대 보유량** : 보유량 중에서 가장 많은 보유량을 구합니다(MAX 함수).
- **최소 보유량** : 보유량 중에서 가장 적은 보유량을 구합니다(MIN 함수).

	A	B	C	D	E	F	G
2		사파리 카드 보유량					
4		이름-카드명-번호	보유량	이름	번호	카드명	순위
5		박상익-LIO-11	15	박상익	11	LIO	2
6		이홍수-LIO-23	20	이홍수	23	LIO	4
7		박민정-TIG-19	19	박민정	19	TIG	3
8		하다혜-ELE-52	12	하다혜	52	ELE	1
9		최대 보유량					20
10		최소 보유량					12

Chapter 15 - 함수 활용하기

Chapter 16 단원 종합 평가 문제

01 다음 중 개체에 대한 설명으로 옳지 않은 것은 어느 것인지 골라 보세요.
① 도형, 그림, 워드숍 등을 말합니다.
② 개체를 서로 겹치면 먼저 삽입한 개체가 나중에 삽입한 개체 위에 겹쳐집니다.
③ 개체를 선택한 후 Shift를 누른 상태에서 다른 개체를 선택하면 여러 개체를 선택할 수 있습니다.
④ 시트의 빈 부분을 클릭하면 개체 선택을 해제할 수 있습니다.

02 다음 중 워드숍을 삽입할 수 있는 기능은 어느 것인지 골라 보세요.
① 🖼 ② 🦋
③ 🔺 ④ 🖼

03 다음 중 클립아트나 그림에서 가장 어두운 영역과 가장 밝은 영역 간의 차이를 무엇이라고 하는지 골라 보세요.
① 반사 효과   ② 밝기
③ 대비   ④ 고급 효과

04 다음 중 수식에 대한 설명으로 옳은 것은 어느 것인지 골라 보세요.
① 등호(=)는 계산의 종류를 나타내는 기호입니다.
② 함수는 다음 내용이 수식이라는 것을 나타내는 기호입니다.
③ 연산자는 수식을 쉽고 빠르게 입력할 수 있도록 미리 정의되어 있는 수식입니다.
④ 상수는 수식에 직접 입력하는 문자나 숫자입니다.

05 다음 중 시트에 수식을 나타내는 키는 어느 것인지 골라 보세요.
① Ctrl+~   ② Shift+~
③ Alt+~   ④ Tab+~

06 다음 □ 안에 들어갈 말은 무엇인지 적어 보세요.

> 셀 주소를 사용하여 셀 값을 가져오는 것을 □(이)라고 합니다.

07 다음 중 함수에 대한 설명으로 옳은 것은 어느 것인지 골라 보세요.
① COUNT : 합계를 구합니다.
② AVERAGE : 평균을 구합니다.
③ MAX : 가장 작은 값을 구합니다.
④ MIN : 가장 큰 값을 구합니다.

08 A1셀에 입력되어 있는 데이터는 '8'이고, B1셀에 입력되어 있는 데이터는 '4'입니다. 다음 중 수식 '=SUM(A1,B1)'의 결과값은 어느 것인지 골라 보세요.
① 2   ② 4
③ 12   ④ 32

■ 정답은 160 페이지에 있습니다.

09 다음과 같이 '이로운 것인가' 파일을 연 후 도형을 활용하여 문서를 작성해 보세요.
- 도형 : [오른쪽 화살표 설명선], 글꼴(HY수평선M), 글자 크기(18), [가운데 정렬], [가운데 맞춤], 도형 스타일(❶ [어두운 계열 - 강조 2] ❷ [어두운 계열 - 강조 1])

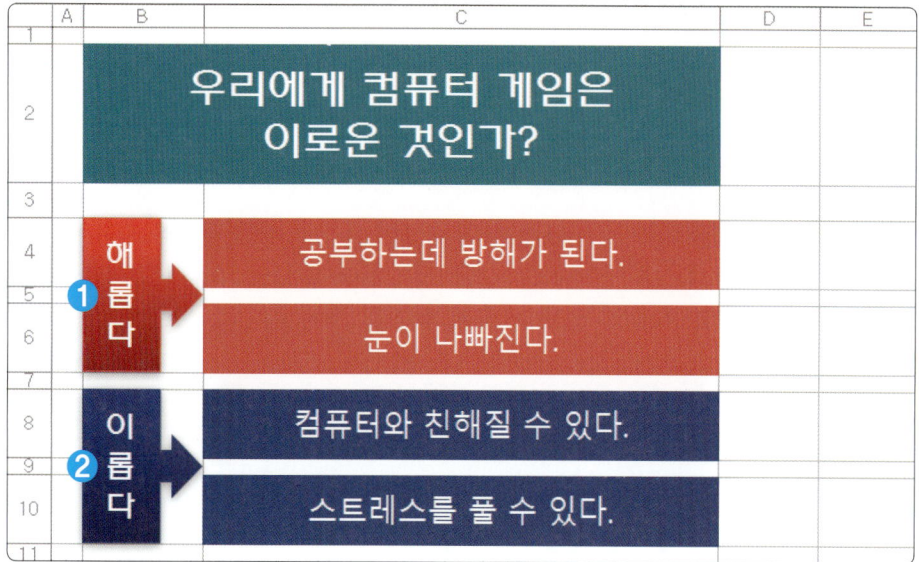

10 다음과 같이 '등산길' 파일을 연 후 자동 합계를 사용하여 등산한 거리를 구한 다음 차이를 구해 보세요.
- 등산한 거리 : 자동 합계(합계)
- 차이 : 서희 등산한 거리 - 영민 등산한 거리

등산객	올라가는 길	내려오는 길	등산한 거리
		등산길	
서희	1,930	2,340	4,270
영민	1,510	1,600	3,110
	차이		1,160

조건부 서식 지정하기

Chapter 17

◆ 데이터 막대와 아이콘 집합을 사용하는 방법에 대해 알아보겠습니다.
◆ 셀 강조 규칙과 상위/하위 규칙을 사용하는 방법에 대해 알아보겠습니다.

조건부 서식은 조건을 만족하는 경우에만 셀에 지정되는 서식인데요. 조건부 서식을 지정하면 조건을 만족하는 셀을 강조하여 표시하거나 시각화할 수 있어서 원하는 사항을 쉽고 빠르게 확인할 수 있습니다.

타자 경진 대회

참가번호	이름	타수			
		1회	2회	3회	4회
A-101	정가혜	350	340	350	330
B-109	이상운	400	380	390	380
B-205	신정환	270	280	260	290
A-209	하다혜	280	290	280	270
A-301	박은영	310	300	290	310

THEME 01 데이터 막대와 아이콘 집합 사용하기

1 '타자 경진 대회' 파일을 연 후 데이터 막대를 사용하기 위해 D6:D10셀 범위를 선택한 다음 [서식] 탭에서 [조건부 서식]을 클릭하고 [데이터 막대]-[단색 채우기 3]을 클릭합니다.

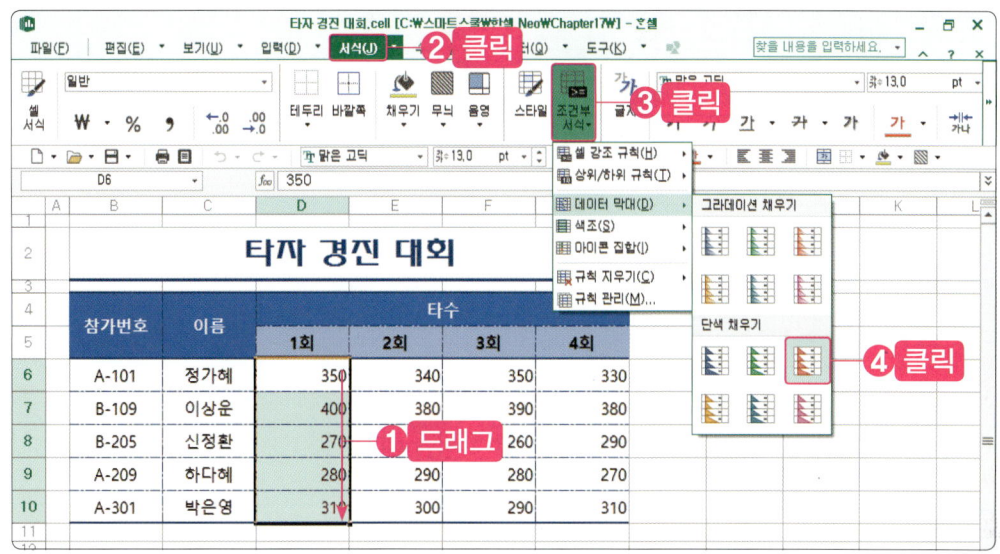

> **Tip** 데이터 막대는 셀 값을 다른 셀 값과 비교하여 막대의 길이로 표시할 수 있는 조건부 서식입니다.

2 1회 타수에 따라 빨간색 막대의 길이로 표시되면 아이콘 집합을 사용하기 위해 E6:E10셀 범위를 선택한 후 [서식] 탭에서 [조건부 서식]을 클릭한 다음 [아이콘 집합]-▲ ═ ▼[방향 3]을 클릭합니다.

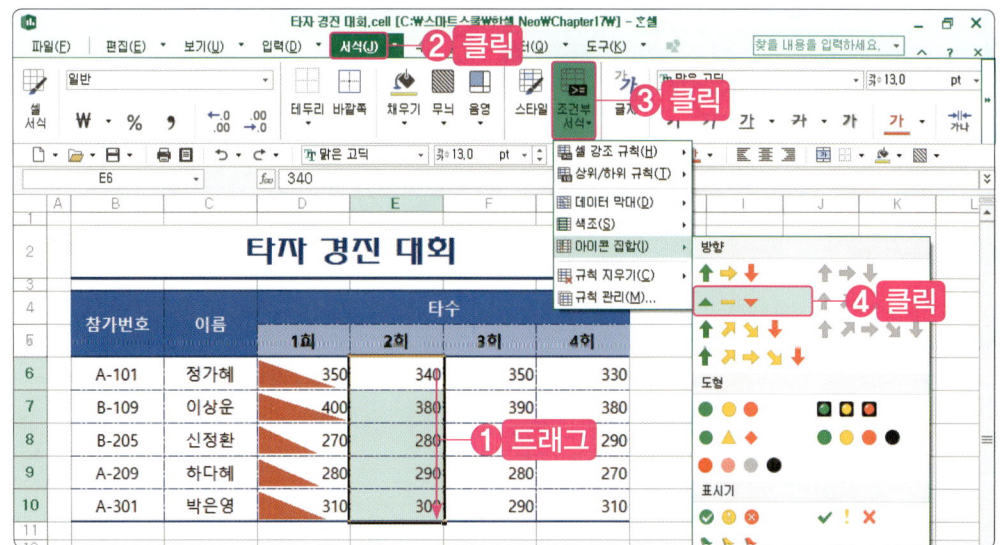

> **Tip**
> - 1회 타수가 가장 많은 데이터는 가장 긴 빨간색 막대로 표시되고, 가장 적은 데이터는 가장 짧은 빨간색 막대로 표시됩니다.
> - 아이콘 집합은 셀 값을 3~5개의 범위를 나타내는 아이콘으로 표시할 수 있는 조건부 서식입니다.

Chapter 17 – 조건부 서식 지정하기 **109**

3 다음과 같이 2회 타수에 따라 방향 3 아이콘으로 표시됩니다.

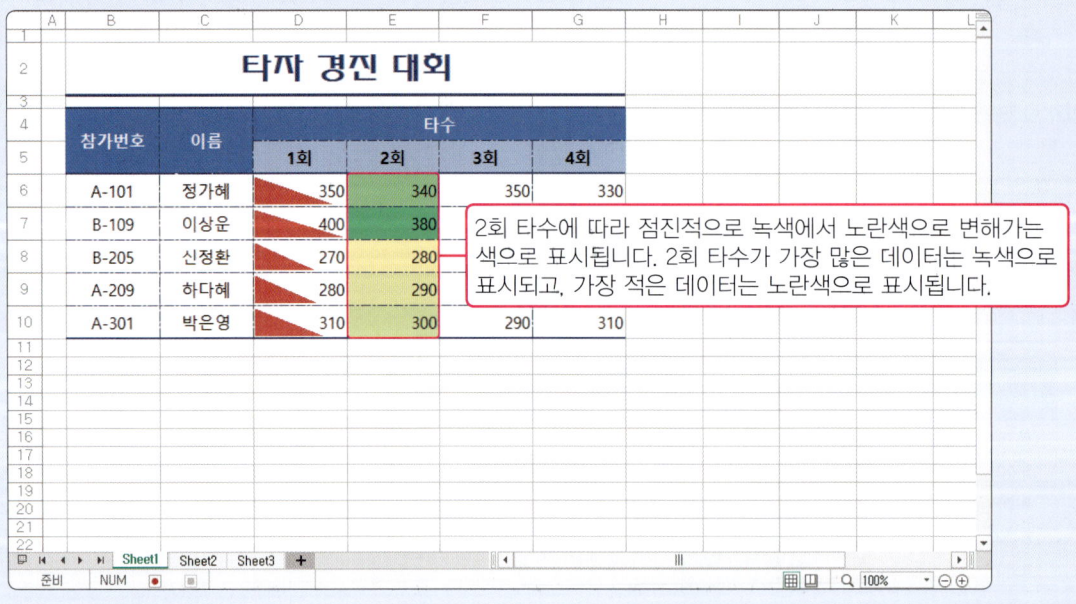

Tip
2회 타수가 상위 범위에 해당하면 ▲ 아이콘, 중간 범위에 해당하면 ━ 아이콘, 하위 범위에 해당하면 ▼ 아이콘으로 표시됩니다.

알아두면 실력튼튼

색조

색조는 셀 값을 다른 셀 값과 비교하여 2색 또는 3색의 그라데이션(점진적으로 한 색에서 다른 색으로 변해 가는 것)으로 표시할 수 있는 조건부 서식인데요. 다음은 E6:E10셀 범위를 선택한 후 [서식] 탭에서 [조건부 서식]을 클릭한 다음 [색조]-[색조 11]을 클릭한 경우입니다.

2회 타수에 따라 점진적으로 녹색에서 노란색으로 변해가는 색으로 표시됩니다. 2회 타수가 가장 많은 데이터는 녹색으로 표시되고, 가장 적은 데이터는 노란색으로 표시됩니다.

THEME 02 셀 강조 규칙과 상위/하위 규칙 사용하기

1 셀 강조 규칙을 사용하기 위해 F6:F10셀 범위를 선택한 후 [서식] 탭에서 [조건부 서식]을 클릭한 다음 [셀 강조 규칙]-[보다 큼]을 클릭합니다.

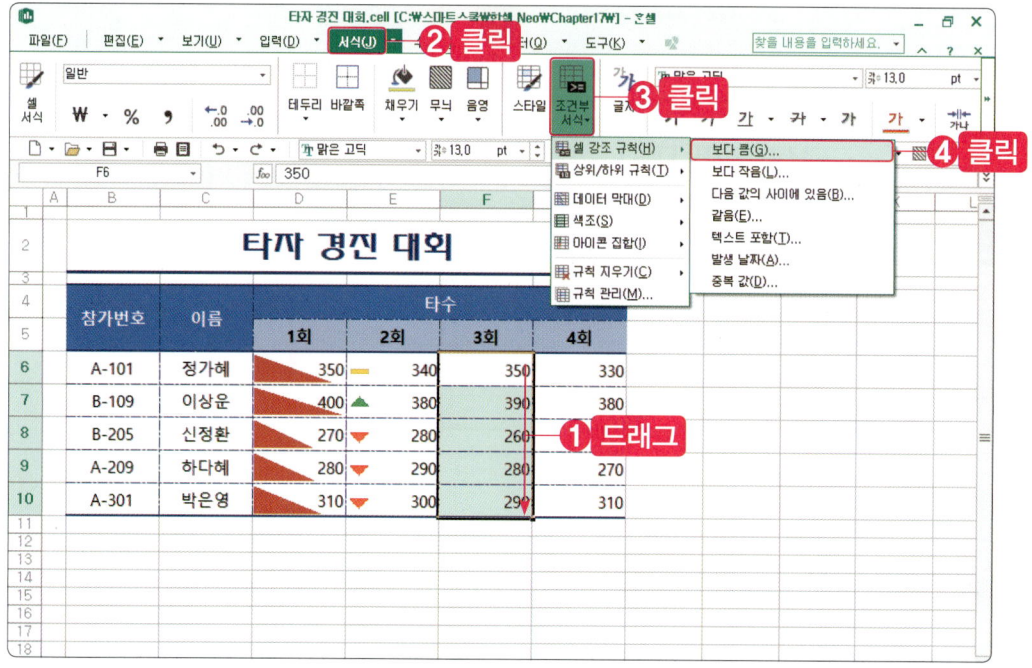

> Tip
> 셀 강조 규칙은 조건을 만족하는 데이터에만 서식을 지정할 수 있는 조건부 서식입니다.

2 [보다 큼] 대화상자가 나타나면 값(300)을 입력한 후 적용할 서식(연한 빨강 채우기)을 선택한 다음 [확인] 단추를 클릭합니다.

알아두면 실력튼튼

조건부 서식 지우기

조건부 서식이 지정된 셀 범위를 선택한 후 [서식] 탭에서 [조건부 서식]을 클릭한 다음 [규칙 지우기]-[선택한 셀의 규칙 지우기]를 클릭하면 선택한 셀 범위에 지정된 조건부 서식을 지울 수 있고, [규칙 지우기]-[시트 전체에서 규칙 지우기]를 클릭하면 현재 시트에 지정된 모든 조건부 서식을 지울 수 있습니다.

3. 3회 타수가 300보다 많은 데이터에만 서식이 지정되면 상위/하위 규칙을 사용하기 위해 G6:G10셀 범위를 선택한 후 [서식] 탭에서 [조건부 서식]을 클릭한 다음 [상위/하위 규칙]-[하위 10개 항목]을 클릭합니다.

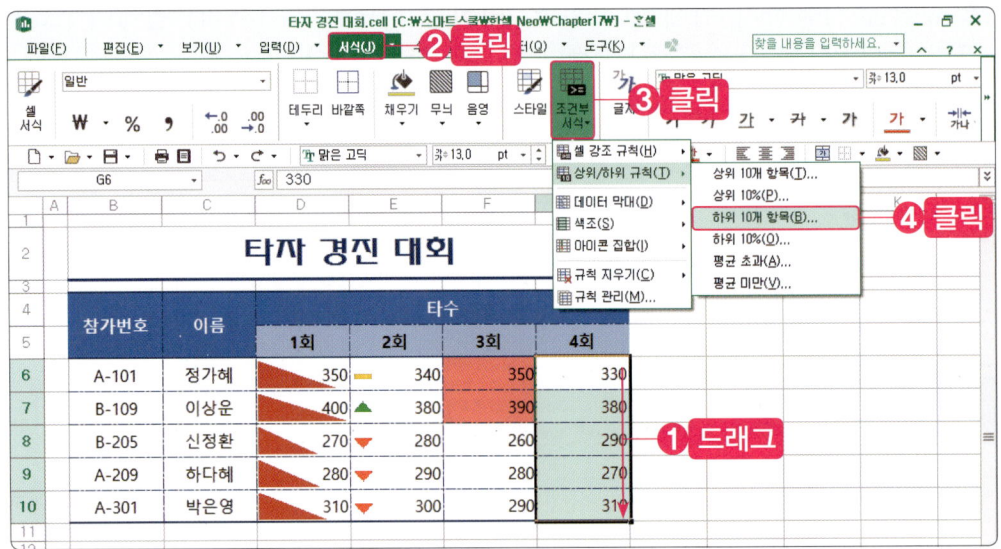

> Tip
> 상위/하위 규칙은 셀 값이 큰 순서나 작은 순서대로 원하는 만큼의 데이터에만 서식을 지정할 수 있는 조건부 서식입니다.

4. [하위 10개 항목] 대화상자가 나타나면 하위 순위(3)를 입력한 후 적용할 서식(빨강 텍스트)을 선택한 다음 [확인] 단추를 클릭합니다.

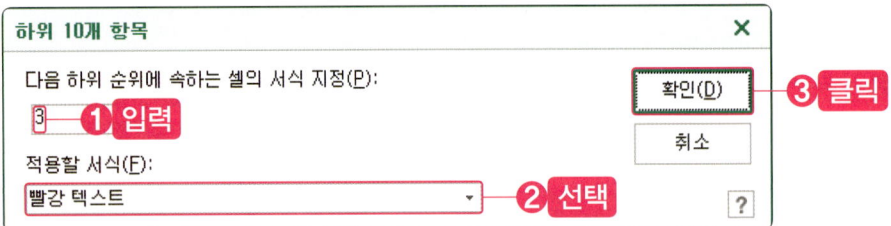

5. 다음과 같이 4회 타수가 적은 순서대로 3개의 데이터에만 서식이 지정됩니다.

01 다음과 같이 '과학 경진 대회' 파일을 연 후 색조와 아이콘 집합을 사용하여 조건부 서식을 지정해 보세요.

- D5:D9셀 범위 : 색조([색조 6])
- E5:E9셀 범위 : 아이콘 집합([추천 2])

Hint
D5:D9셀 범위를 선택한 후 [서식] 탭에서 [조건부 서식]을 클릭한 다음 [색조]-[색조 6]을 클릭하면 색조를 사용하여 조건부 서식을 지정할 수 있습니다.

02 다음과 같이 셀 강조 규칙을 사용하여 조건부 서식을 지정해 보세요.

- F5:F9셀 범위 : 셀 강조 규칙(보다 작음(값(90), 적용할 서식(진한 노랑 텍스트가 있는 노랑 채우기)))

Chapter 17 – 조건부 서식 지정하기

이름 정의하고 데이터 유효성 검사 설정하기

Chapter 18

◆ 이름을 정의하는 방법에 대해 알아보겠습니다.
◆ 데이터 유효성 검사를 설정하는 방법에 대해 알아보겠습니다.

이름 정의는 셀이나 셀 범위에 이름을 지정하여 셀이나 셀 범위를 참조할 때 셀 주소가 아닌 지정한 이름으로 참조할 수 있도록 하는 기능이고, 데이터 유효성 검사는 입력할 수 있는 데이터를 지정하여 데이터를 잘못 입력하면 입력할 수 없도록 제한하는 기능입니다.

구분	옛날	오늘날		구분
주생활	기와집	아파트		의생활
의생활	모시옷	셔츠		식생활
의생활	무명옷	청바지		주생활
의생활	비단옷	스커트		
의생활	삼베옷	블라우스		
식생활	쌀과 채소로 만든 음식	가공식품		
주생활	초가집	양옥		

옛날과 오늘날의 의식주 생활

THEME 01 이름 정의하기

1 '의식주 생활' 파일을 연 후 F5:F7셀 범위를 선택한 다음 [수식] 탭에서 [이름]을 클릭합니다.

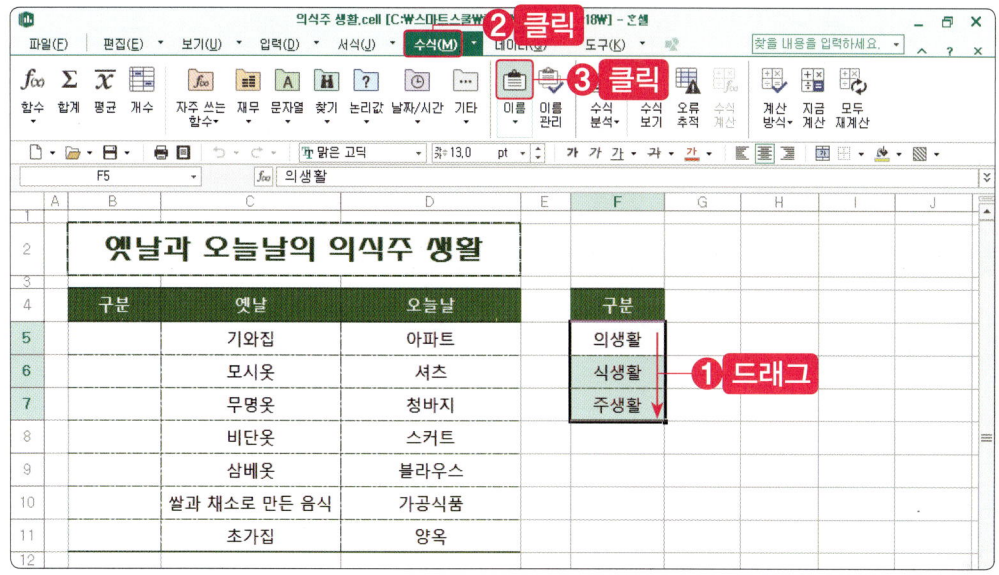

> **Tip**
> - F5:F7셀 범위를 선택한 후 이름 상자에 '구분'을 입력한 다음 Enter 를 눌러 이름을 정의할 수도 있습니다.
> - 이름은 문자나 밑줄(_) 또는 역슬래시(\)로 시작해야 하며 공백이나 'A1'과 같은 셀 주소는 사용할 수 없습니다.

2 [이름 정의] 대화상자가 나타나면 이름(구분)을 입력한 후 [확인] 단추를 클릭합니다.

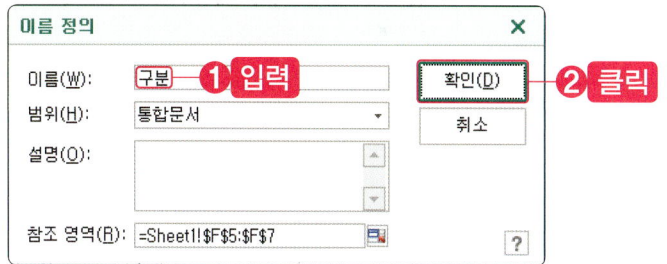

3 이름이 정의됩니다.

> **Tip**
> F5:F7셀 범위를 선택한 후 이름 상자를 보면 이름이 정의되어 있는 것을 확인할 수 있습니다.

알아두면 실력튼튼

정의된 이름 삭제하기

[수식] 탭에서 [이름 관리]를 클릭하면 [이름 관리] 대화상자가 나타나는데요. [이름 관리] 대화상자에서 정의된 이름을 선택한 후 ×[이름 삭제] 단추를 클릭하면 정의된 이름을 삭제할 수 있습니다.

Chapter 18 – 이름 정의하고 데이터 유효성 검사 설정하기 **115**

THEME 02 데이터 유효성 검사 설정하기

1 B5:B11셀 범위를 선택한 후 [데이터] 탭에서 [유효성 검사]를 클릭합니다.

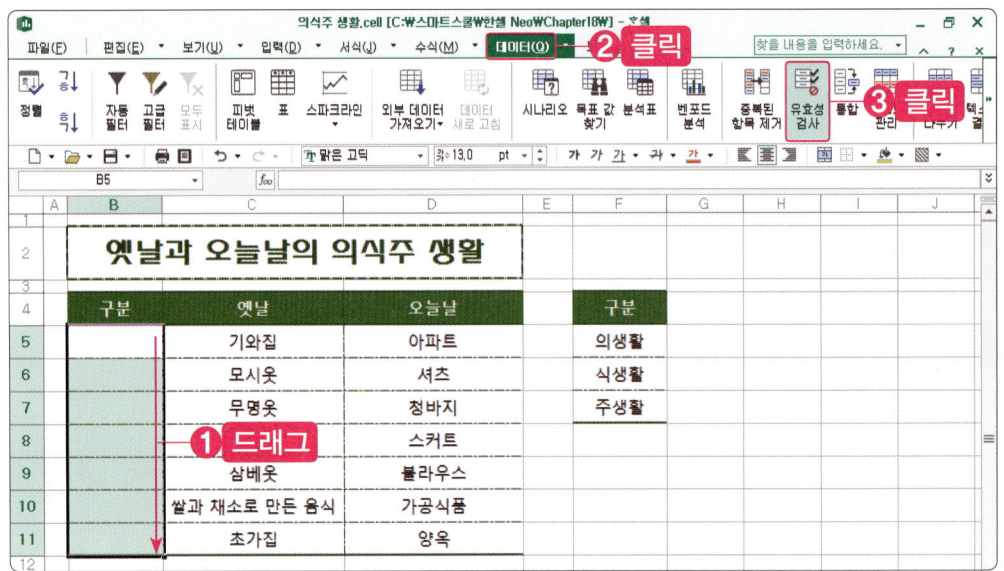

2 [데이터 유효성 검사] 대화상자가 나타나면 [설정] 탭에서 제한 대상(목록)을 선택한 후 원본(=구분)을 입력한 다음 [설정] 단추를 클릭합니다.

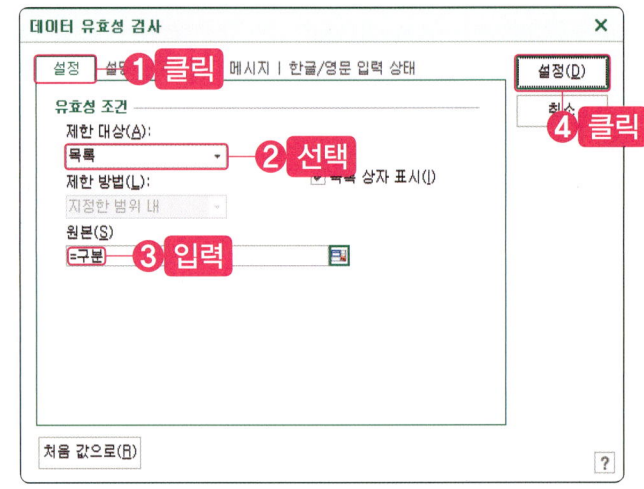

알아두면 실력튼튼

원본 입력하기

원본은 입력할 수 있는 데이터로 다음과 같이 쉼표(,)로 구분하여 직접 입력하거나 셀 범위를 선택하여 입력할 수도 있습니다.

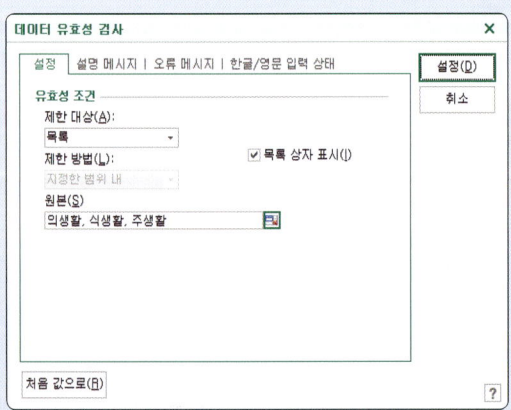

③ 데이터 유효성 검사가 설정되면 B5셀을 선택한 후 데이터 유효성 검사의 ▼[목록] 단추를 클릭한 다음 '주생활'을 클릭합니다.

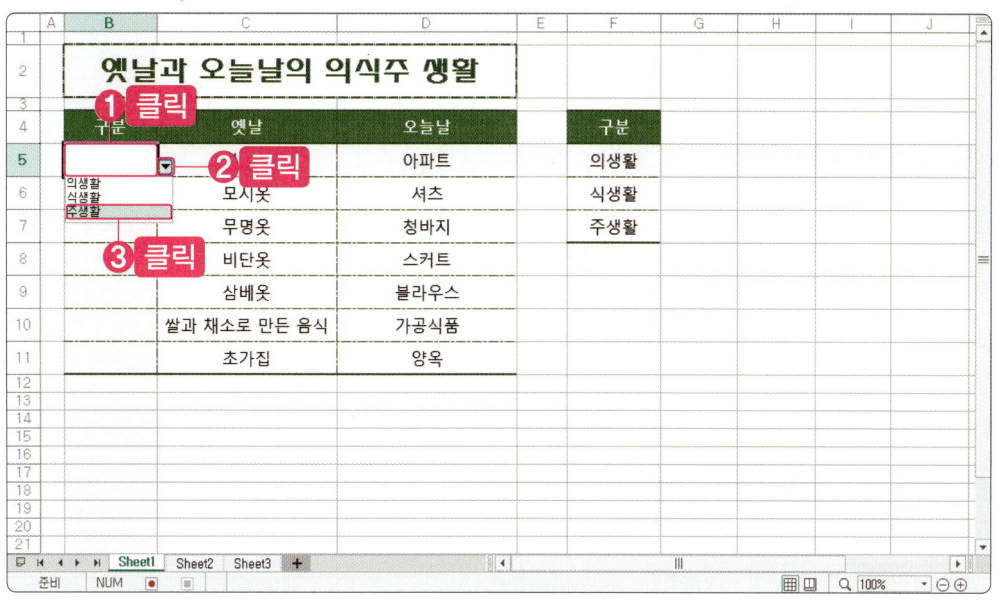

④ 같은 방법으로 다음과 같이 구분을 입력합니다.

> **Tip**
> • 셀에 직접 의생활, 식생활, 주생활 중에서 하나를 입력하여 구분을 입력할 수도 있는데요, 의생활, 식생활, 주생활 이외의 데이터를 입력하면 '입력한 값이 잘못되었습니다.'라는 내용의 대화상자가 나타납니다.
> • 데이터 유효성 검사가 설정된 셀을 선택한 후 [데이터 유효성 검사] 대화상자의 [설정] 탭에서 [처음 값으로] 단추를 클릭하면 설정된 데이터 유효성 검사를 제거할 수 있습니다.

알아두면 실력튼튼

구분이 나타나는 이유

B5셀을 선택하면 [데이터 유효성 검사] 대화상자의 [설정] 탭에서 [목록 상자 표시]가 선택되어 있었기 때문에 데이터 유효성 검사의 ▼[목록] 단추가 나타납니다. 그리고 데이터 유효성 검사의 ▼[목록] 단추를 클릭하면 제한 대상을 '목록'으로 지정하고, 원본에 '=구분'을 입력하였기 때문에 '구분'이라고 이름을 정의한 F5:F7 셀 범위에 있는 데이터(의생활, 식생활, 주생활)가 나타납니다.

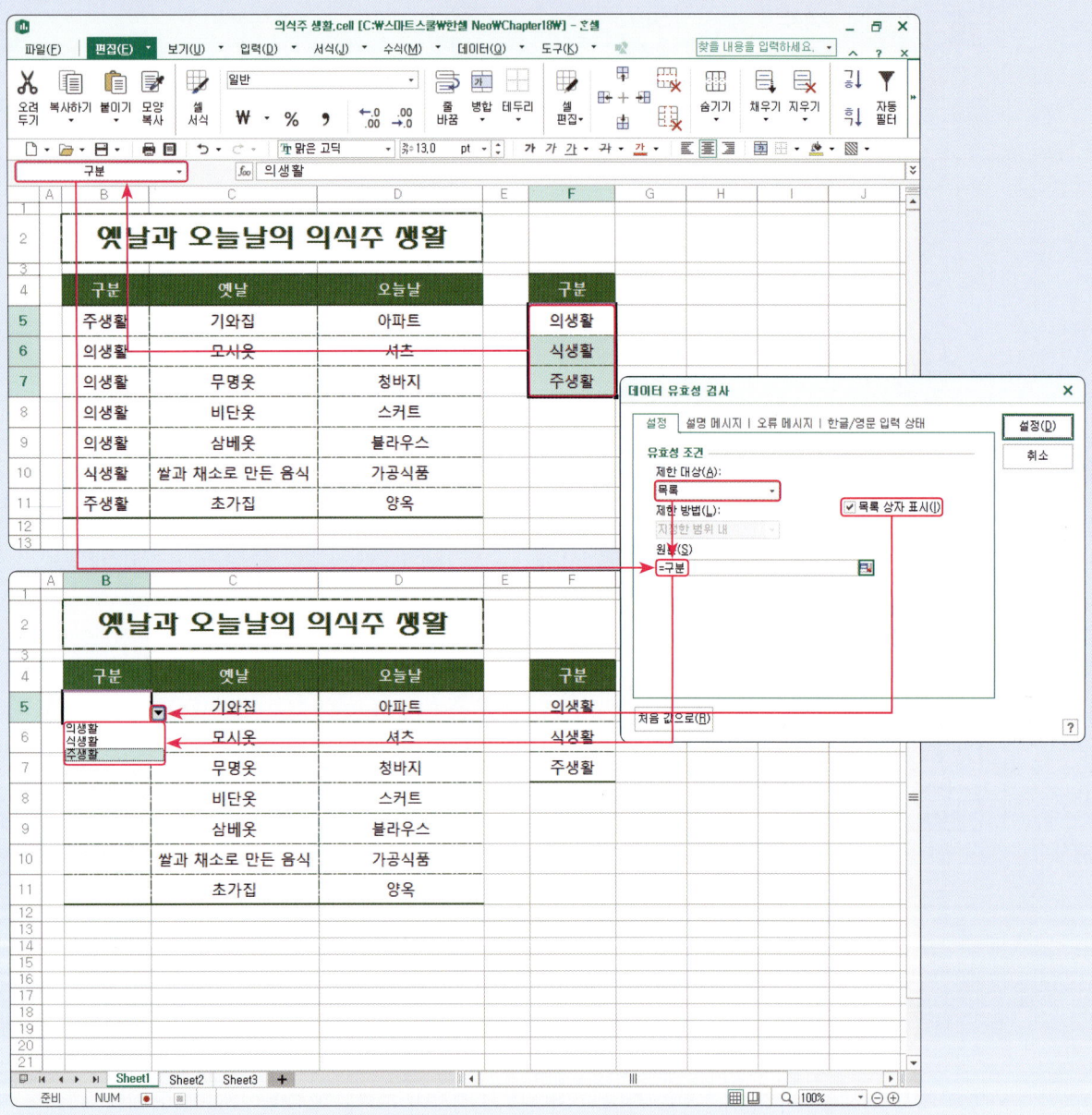

01 다음과 같이 '즐겨 먹었던 음식' 파일을 연 후 이름을 정의해 보세요.
- 이름 정의 : 이름(명절_절기), 참조 영역(E5:E8셀 범위)

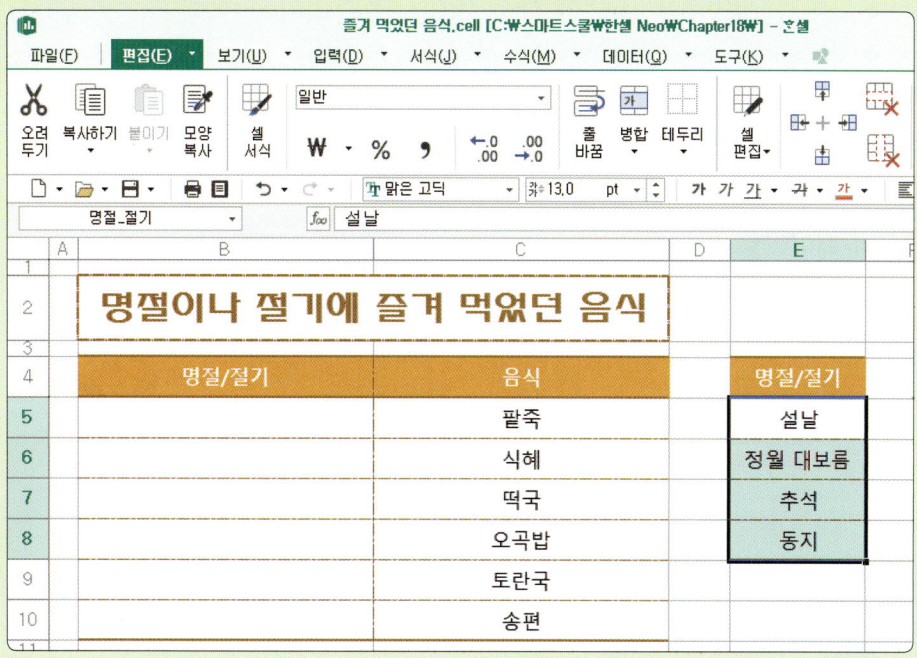

02 다음과 같이 데이터 유효성 검사를 설정한 후 명절/절기를 입력해 보세요.
- 데이터 유효성 검사 설정 : B5:B10셀 범위(제한 대상(목록), 원본(=명절_절기))

차트 작성하기

Chapter 19

◆ 차트를 삽입하는 방법에 대해 알아보겠습니다.
◆ 차트를 꾸미는 방법에 대해 알아보겠습니다.

차트는 수치 데이터를 분석하여 그 관계를 일정한 양식의 그림으로 나타낸 것인데요. 차트를 작성하면 수치 데이터를 막대나 원 등으로 표시해 주기 때문에 수치 데이터를 한 눈에 파악할 수 있습니다.

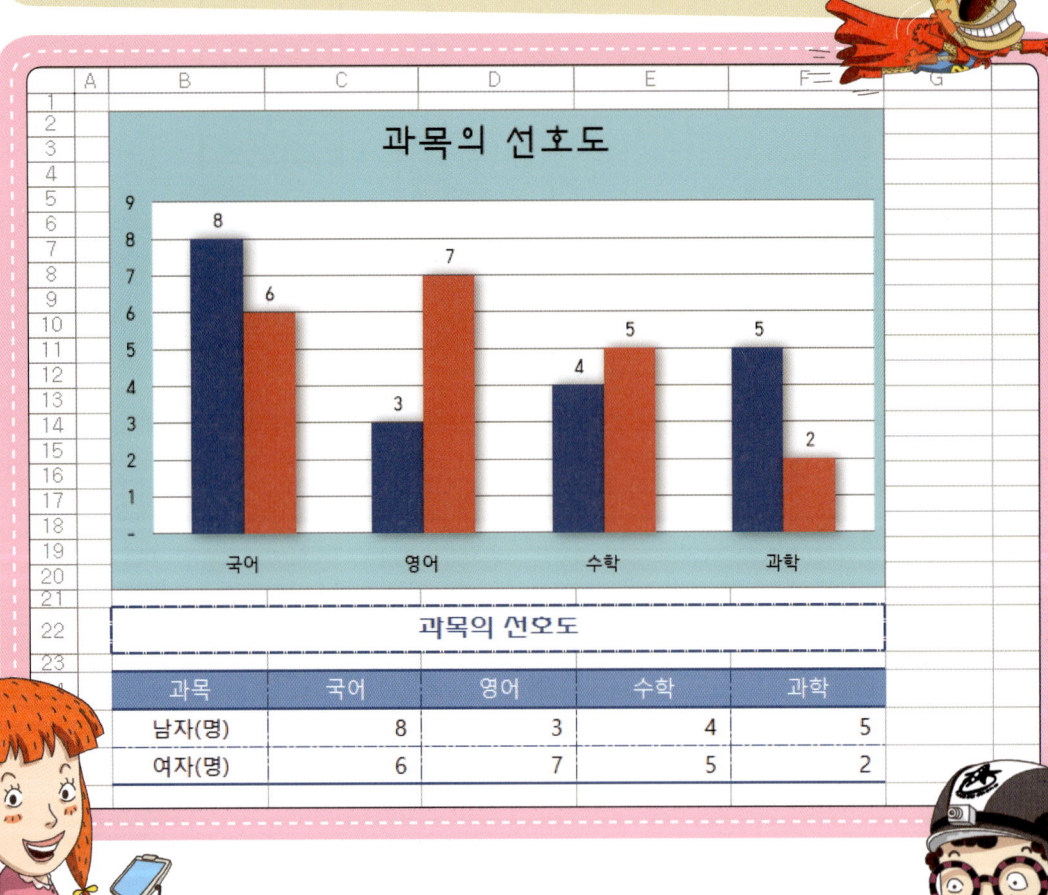

THEME 01 차트 삽입하기

1 '과목의 선호도' 파일을 연 후 차트 데이터(여기서는 B24:F26셀 범위)를 선택한 다음 [입력] 탭에서 [세로 막대형]을 클릭하고 [묶은 세로 막대형]을 클릭합니다.

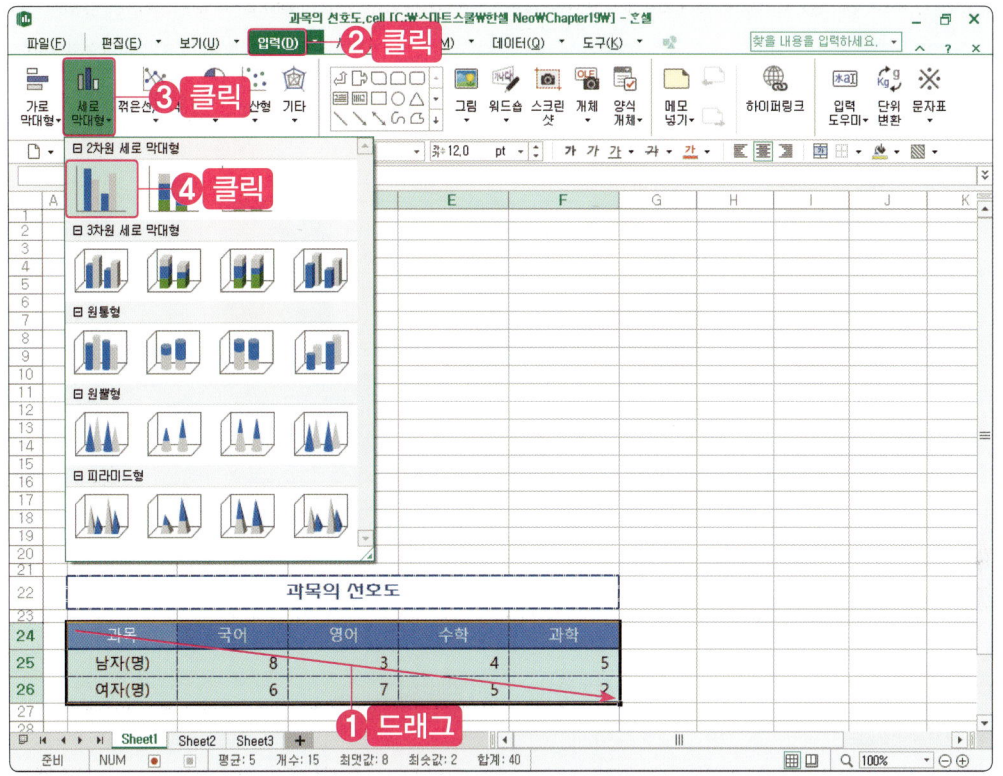

> **Tip**
> 차트 데이터는 차트로 작성될 데이터를 말합니다.

2 차트가 삽입되면 다음과 같이 차트를 이동시킨 후 차트의 크기를 조정합니다.

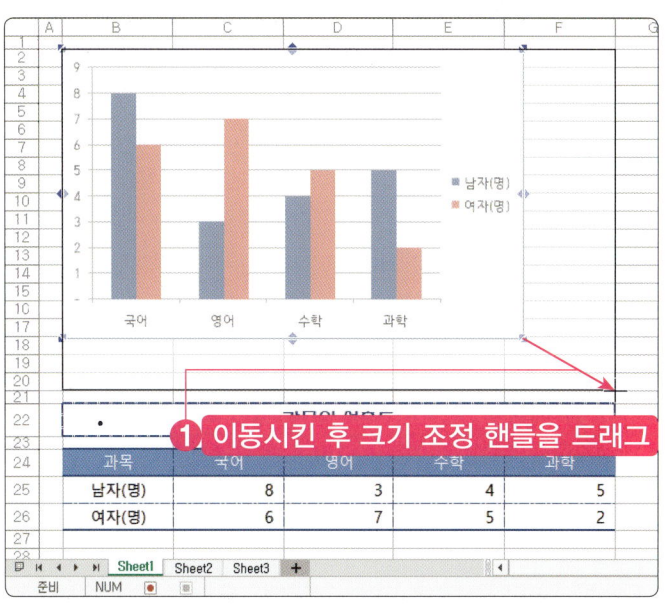

> **Tip**
> 차트의 테두리로 마우스 포인터를 가져가서 마우스 포인터가 모양으로 변경되었을 때 드래그하면 차트를 이동할 수 있습니다.

알아두면 실력튼튼

차트의 구성

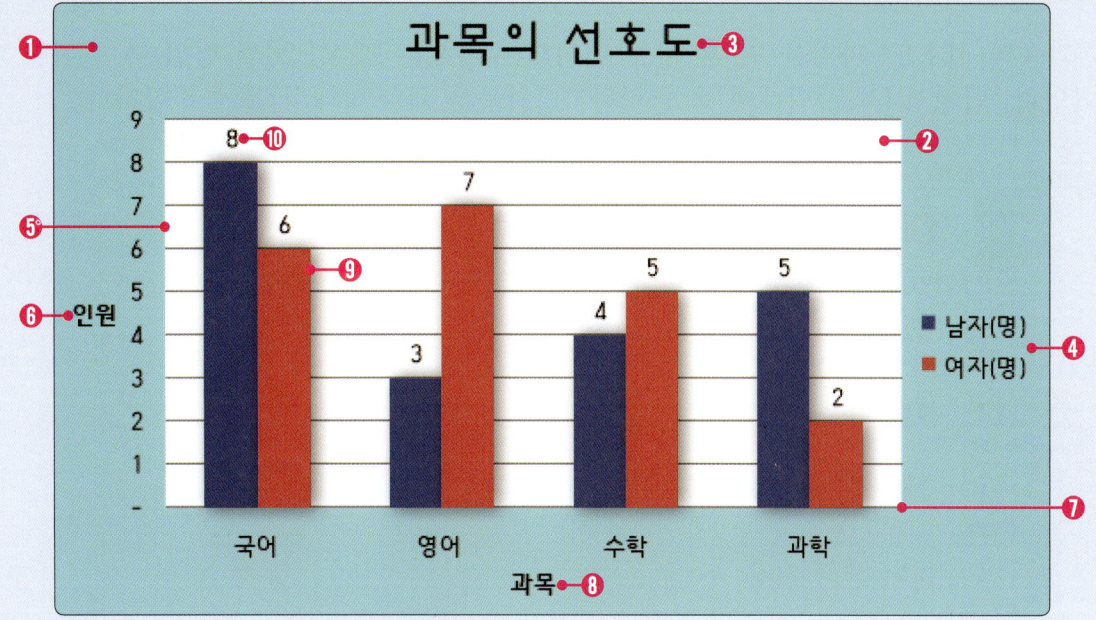

1. **차트 영역** : 모든 차트 요소(차트 영역, 그림 영역, 차트 제목 등)를 포함한 차트 전체입니다.
2. **그림 영역** : 2차원 차트에서는 데이터 계열을 포함한 축으로 둘러싸인 영역이고, 3차원 차트에서는 세로 축, 세로 축 제목, 가로 축, 가로 축 제목을 포함합니다.
3. **차트 제목** : 차트의 제목입니다.
4. **범례** : 데이터 계열을 구분하는 색과 이름을 표시하는 상자입니다.
5. **세로 축** : 데이터 계열의 값을 표시하는 축입니다.
6. **세로 축 제목** : 세로 축의 제목입니다.
7. **가로 축** : 데이터 계열의 이름을 표시하는 축입니다.
8. **가로 축 제목** : 가로 축의 제목입니다.
9. **데이터 계열** : 관련 있는 데이터 요소의 집합입니다. 데이터 계열은 '계열', 데이터 요소는 '요소'라고도 합니다.
10. **데이터 레이블** : 데이터 요소의 계열 이름, 항목 이름, 값을 표시합니다.

차트의 종류

- **[가로 막대형]** : 시간 경과에 따른 데이터 변화를 표시하거나 항목을 비교하는 경우에 주로 사용합니다. 항목은 세로 축에 표시되고, 값은 가로 축에 표시되어 비교하는 항목을 강조할 수 있습니다.
- **[세로 막대형]** : 가로 막대형 차트와 마찬가지로 시간 경과에 따른 데이터 변화를 표시하거나 항목을 비교하는 경우에 주로 사용합니다. 가로 막대형 차트와 다른 점은 항목은 가로 축에 표시되고, 값은 세로 축에 표시되어 시간 경과에 따른 데이터 변화를 강조할 수 있다는 것입니다.
- **[꺾은선형]** : 월이나 연도와 같이 일정한 기간 동안의 데이터 추세를 표시하는 경우에 주로 사용합니다.
- **[원형]** : 전체 항목에 대한 각 항목의 비율을 표시하는 경우에 주로 사용합니다. 하나의 데이터 계열만 표시할 수 있습니다.
- **[분산형]** : 여러 데이터 계열 사이의 관계를 표시하는 경우에 주로 사용합니다.

THEME 02 차트 꾸미기

1 차트 스타일을 적용하기 위해 차트를 선택한 후 [차트 디자인] 정황 탭에서 [스타일9]를 클릭합니다.

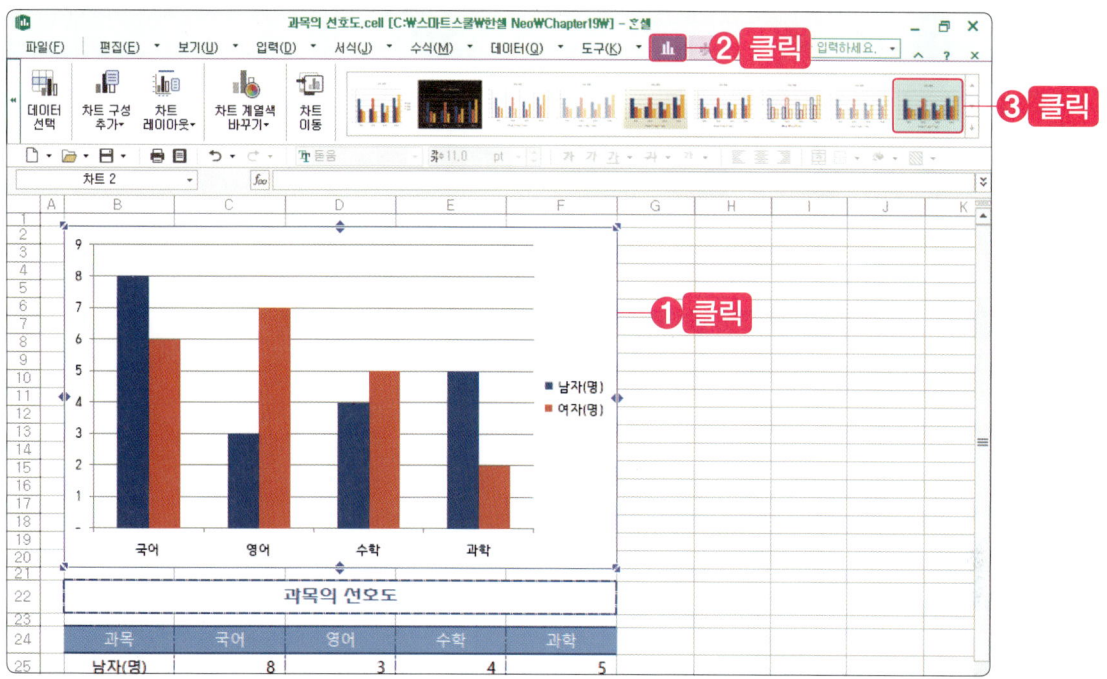

> **Tip**
> 차트 영역으로 마우스 포인터를 가져가서 마우스 포인터가 모양으로 변경되었을 때 클릭하면 차트를 선택할 수 있습니다.

2 차트 레이아웃을 지정하기 위해 [차트 디자인] 정황 탭에서 [차트 레이아웃]을 클릭한 후 [레이아웃2]를 클릭합니다.

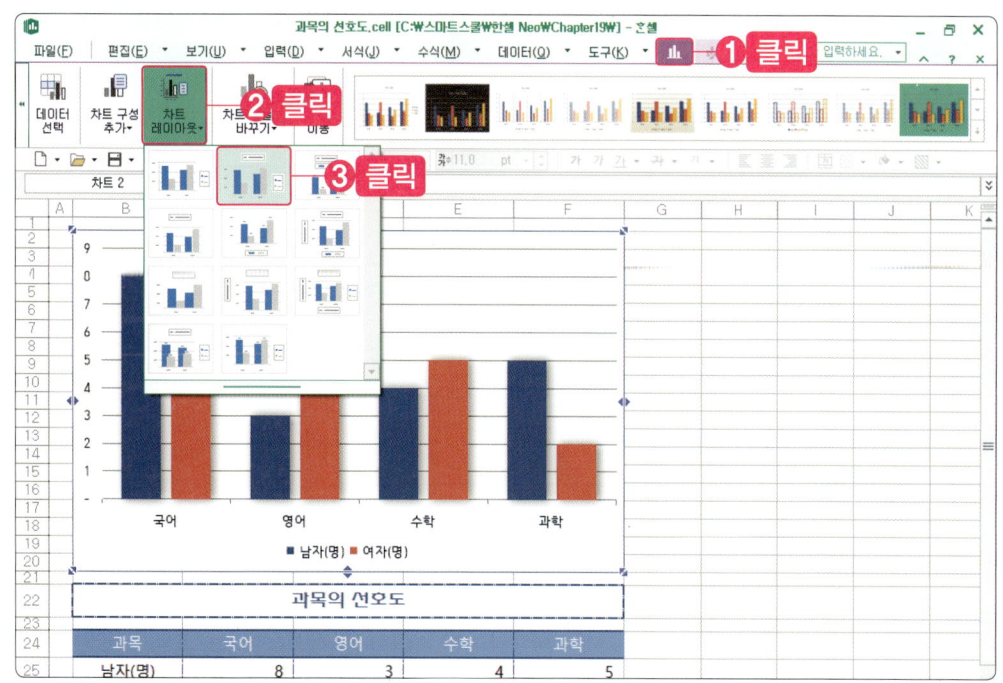

Chapter 19 – 차트 작성하기 **123**

3. 차트 영역 속성을 지정하기 위해 차트 영역의 바로 가기 메뉴에서 [개체 속성]을 클릭합니다.

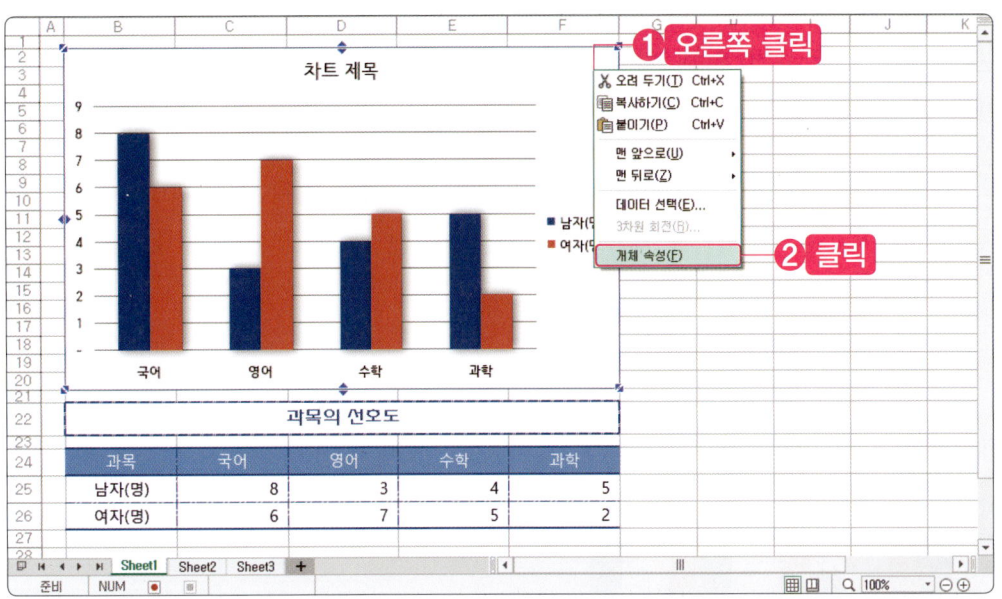

> **Tip**
> 차트 요소(차트 영역, 그림 영역, 차트 제목 등)로 마우스 포인터를 가져가서 마우스 포인터가 모양이나 모양으로 변경되었을 때 클릭하면 차트 요소를 선택할 수 있습니다.

4. [개체 속성] 대화상자가 나타나면 [채우기] 탭에서 종류(단색)를 선택한 후 색(에메랄드 블루 60% 밝게)을 선택한 다음 [설정] 단추를 클릭합니다.

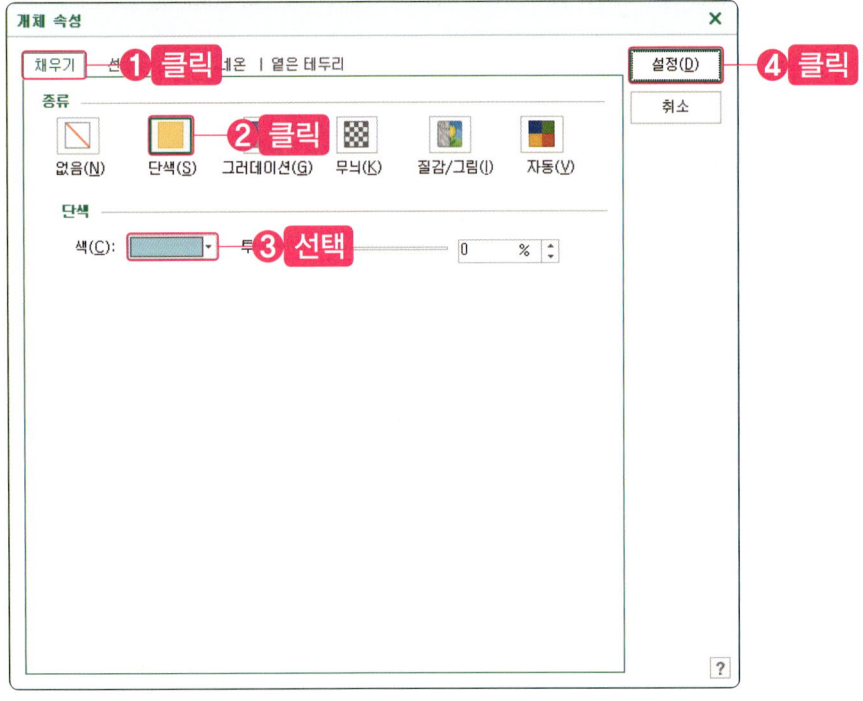

5 그림 영역 속성을 지정하기 위해 그림 영역의 바로 가기 메뉴에서 [그림 영역 속성]을 클릭합니다.

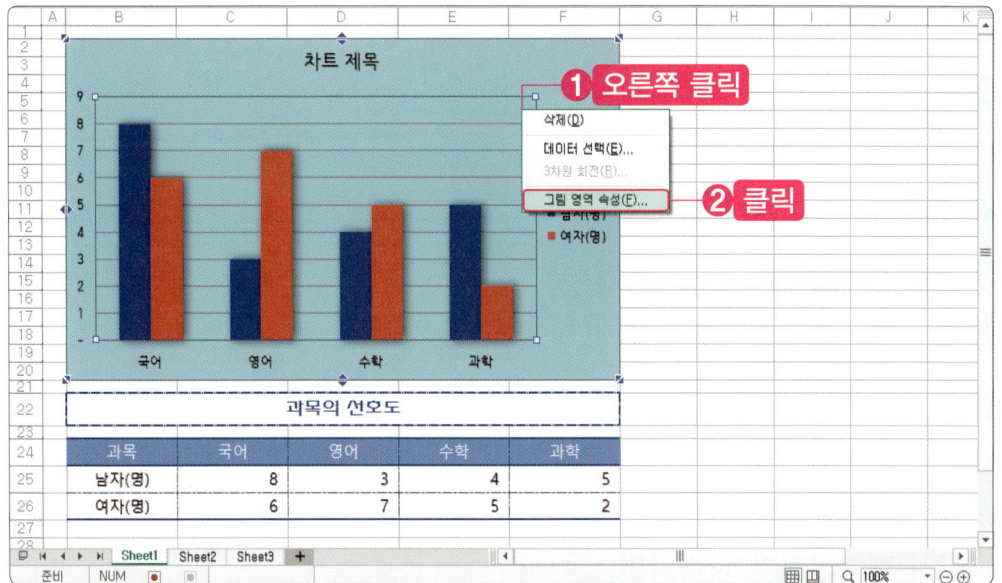

6 [개체 속성] 대화상자가 나타나면 [채우기] 탭에서 종류(단색)를 선택한 후 색(하양)을 선택한 다음 [설정] 단추를 클릭합니다.

> **Tip**
> 차트 영역 속성이나 그림 영역 속성을 지정한 후 차트 스타일을 적용하면 적용한 차트 스타일과 관련 있는 차트 영역 속성이나 그림 영역 속성으로 다시 지정되는데요. 그러므로 먼저 차트 스타일을 적용한 후 차트 영역 속성이나 그림 영역 속성을 지정해야 합니다.

7 차트 제목을 수정하기 위해 차트 제목의 바로 가기 메뉴에서 [제목 편집]을 클릭합니다.

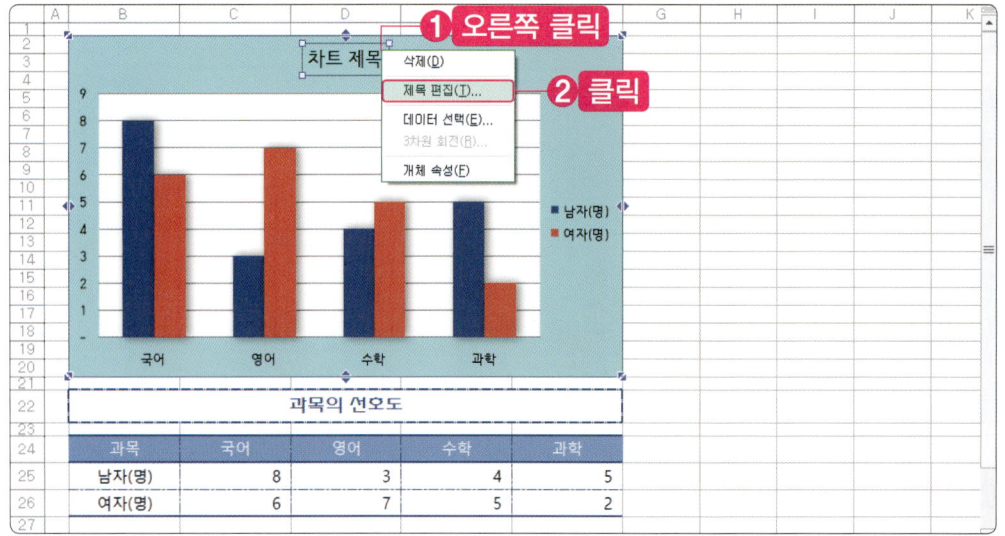

8 [제목 편집] 대화상자가 나타나면 내용(과목의 선호도)을 입력한 후 글꼴(HY나무M)을 선택한 다음 크기(20)를 입력하고 [설정] 단추를 클릭합니다.

9 범례를 표시하지 않기 위해 차트를 선택한 후 [차트 디자인] 정황 탭에서 [차트 구성 추가]를 클릭한 다음 [범례]-[없음]을 클릭합니다.

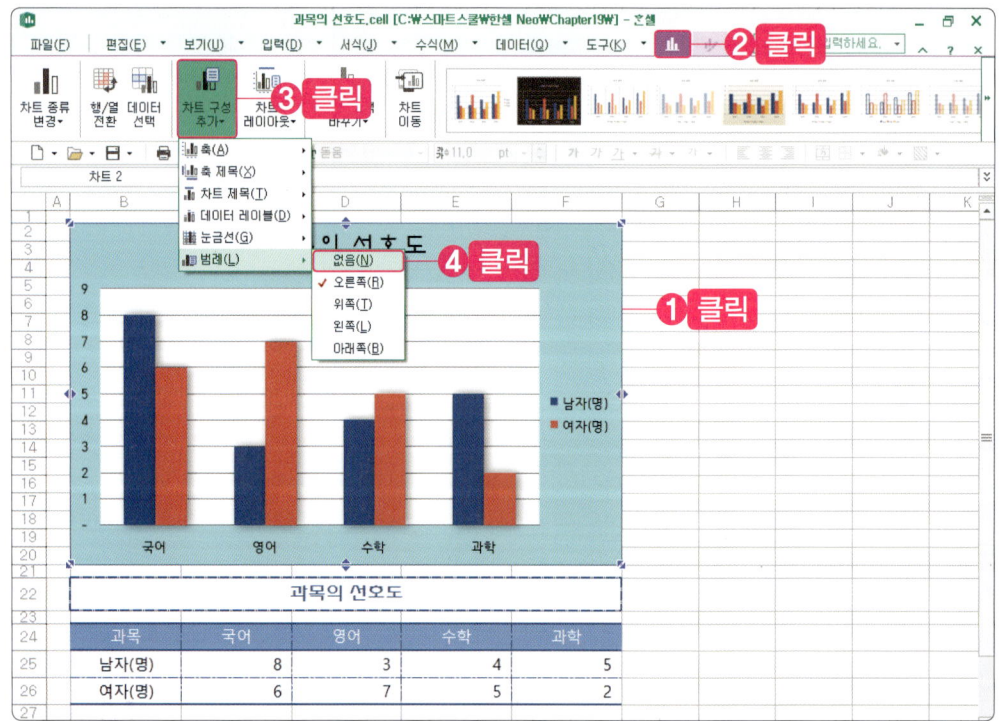

10 데이터 레이블을 표시하기 위해 [차트 디자인] 정황 탭에서 [차트 구성 추가]를 클릭한 후 [데이터 레이블]-[표시]를 클릭합니다.

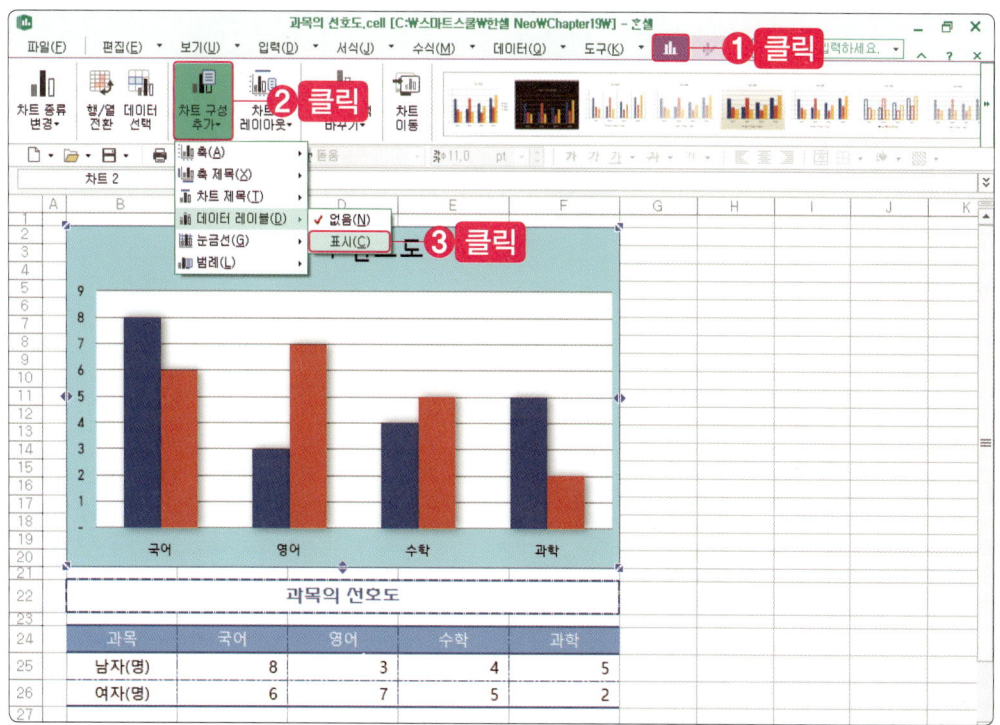

> **Tip**
> 차트를 선택한 후 [차트 디자인] 정황 탭에서 [차트 이동]을 클릭하면 [차트 이동] 대화상자가 나타나는데요. [차트 이동] 대화상자에서 시트를 선택한 후 [확인] 단추를 클릭하면 차트를 다른 시트로 이동할 수 있습니다.

11 다음과 같이 데이터 레이블이 표시됩니다.

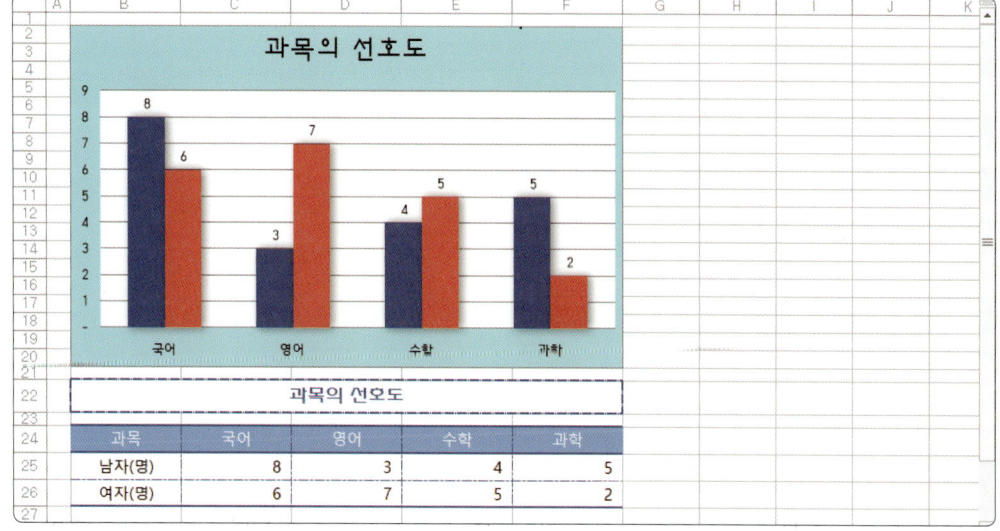

Chapter 19 – 차트 작성하기 **127**

차트의 종류 변경하기

다음과 같이 차트를 선택한 후 [차트 디자인] 정황 탭에서 [차트 종류 변경]을 클릭한 다음 차트를 선택하면 차트의 종류를 변경할 수 있습니다.

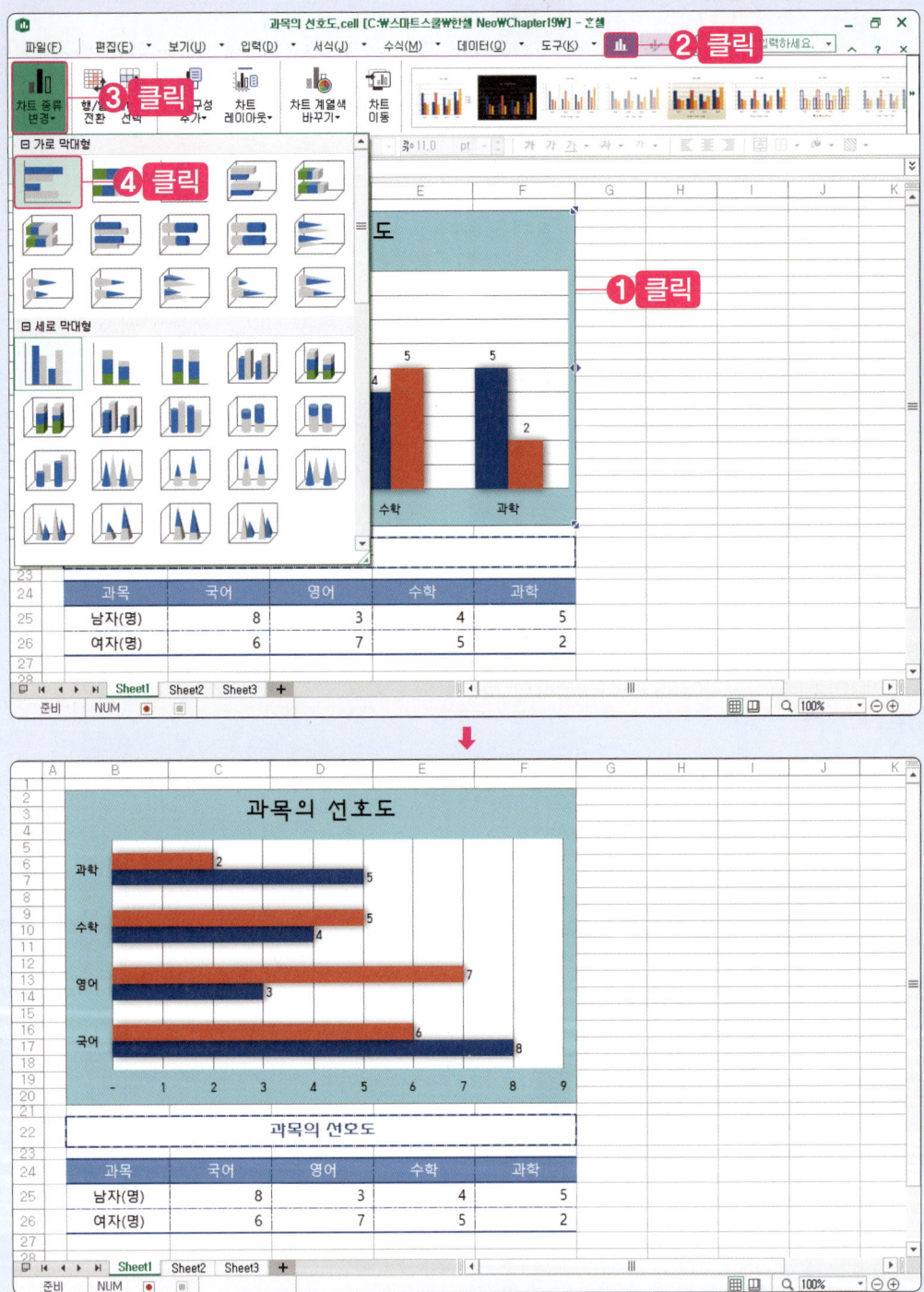

01 다음과 같이 '국어의 선호도 변화' 파일을 연 후 차트를 삽입해 보세요.
- **차트 삽입** : 차트 데이터(B24:H26셀 범위), 차트 종류(📈[표식이 있는 꺾은선형])

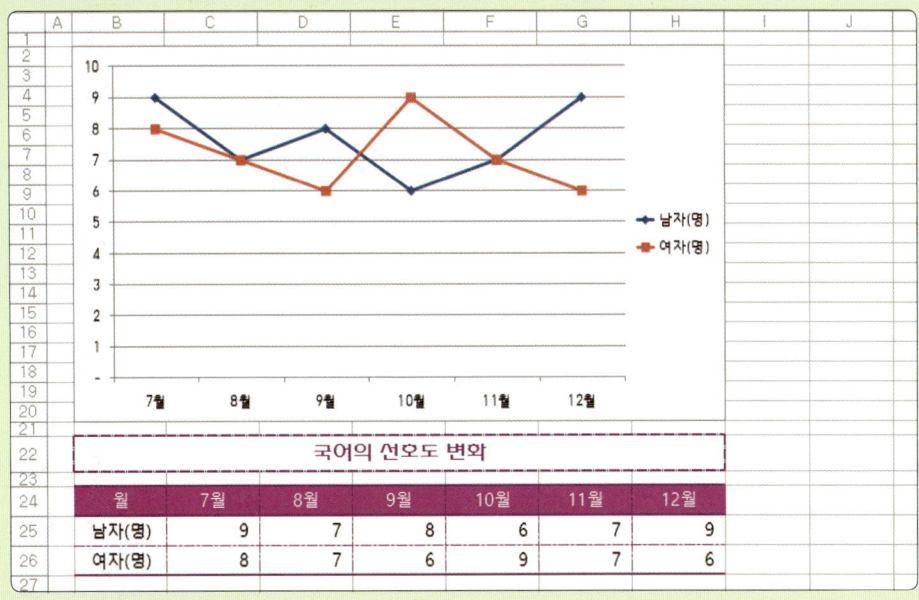

02 다음과 같이 차트를 꾸며 보세요.
- **차트 스타일 적용** : [스타일7]
- **차트 레이아웃 지정** : [레이아웃4]
- **차트 영역 속성 지정** : 채우기(종류(단색), 색(멜론색 60% 밝게))
- **그림 영역 속성 지정** : 채우기(종류(단색), 색(하양))
- **차트 제목 수정** : 글꼴(HY강M), 크기(20)

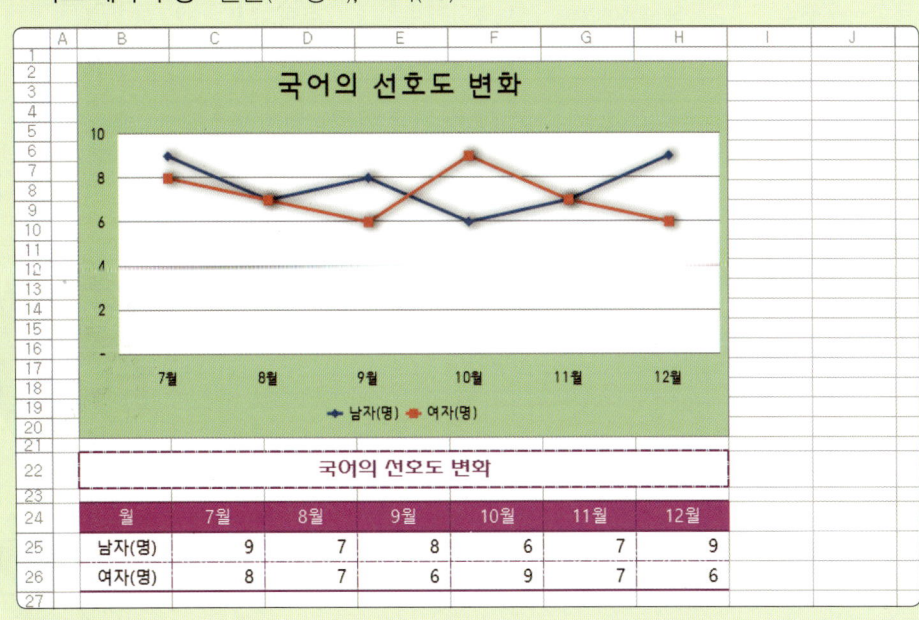

데이터 정렬하기

Chapter 20

◆ 데이터를 정렬하는 방법에 대해 알아보겠습니다.
◆ 사용자 정의 목록 순으로 데이터를 정렬하는 방법에 대해 알아보겠습니다.

정렬은 데이터를 일정한 순서에 의해 차례대로 재배열하는 작업을 말하는데요. 데이터를 정렬하면 데이터가 차례대로 배열되어 있기 때문에 그만큼 원하는 데이터를 쉽고 빠르게 찾을 수 있습니다.

한글학명	영어학명	지역	식성	크기(m)
모놀로포사우루스	Monolophosaurus	아시아	육식	5
마멘키사우루스	Mamenchisaurus	아시아	초식	22
케라토사우루스	Ceratosaurus	북아메리카	육식	6
코엘루루스	Coelurus	북아메리카	육식	2
울트라사우루스	Ultrasaurus	북아메리카	초식	30
카마라사우루스	Camarasaurus	북아메리카	초식	18
스테고사우루스	Stegosaurus	북아메리카	초식	9
마크로플라타	Macroplata	유럽	육식	4.5

쥐라기에 살던 공룡

THEME 01 데이터 정렬하기

1 '쥐라기에 살던 공룡' 파일을 연 후 영어학명을 기준으로 데이터를 정렬하기 위해 C4셀을 선택한 다음 [데이터] 탭에서 [오름차순]을 클릭합니다.

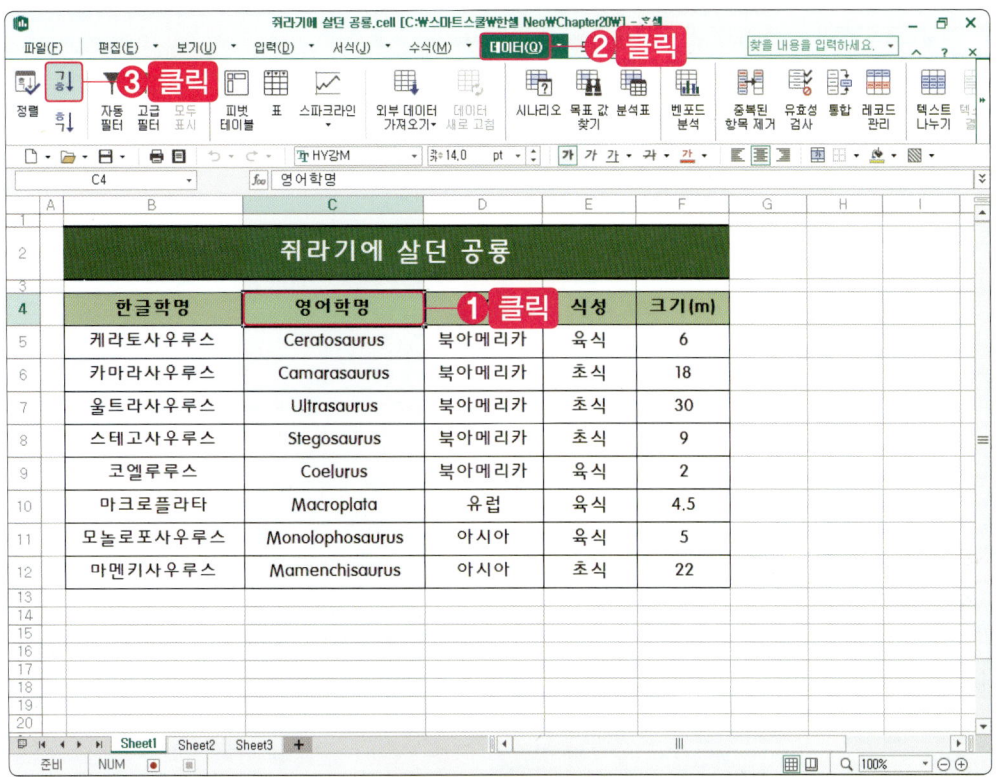

> **Tip**
> - C4셀을 선택한 후 [편집] 탭에서 [오름차순]을 클릭하여 영어학명을 기준으로 데이터를 정렬할 수도 있습니다.
> - C4셀을 선택한 후 [편집] 탭에서 [내림차순]을 클릭하거나 [데이터] 탭에서 [내림차순]을 클릭하면 영어학명을 기준으로 내림차순 정렬을 할 수 있습니다.

알아두면 실력튼튼

정렬 순서

정렬에는 작은 값에서 큰 값 순으로 재배열하는 오름차순 정렬과 큰 값에서 작은 값 순으로 재배열하는 내림차순 정렬이 있습니다.

- **오름차순 정렬** : 숫자(작은 숫자 → 큰 숫자) ➡ 문자(A → Z → ㅏ → ㅎ) ➡ 논리값(FALSE → TRUE) ➡ 오류값 ➡ 빈 셀(데이터가 없는 셀)
- **내림차순 정렬** : 오류값 ➡ 논리값(TRUE → FALSE) ➡ 문자(ㅎ → ㄱ → Z → A) ➡ 숫자(큰 숫자 → 작은 숫자) ➡ 빈 셀(데이터가 없는 셀)

② 다음과 같이 영어학명을 기준으로 오름차순 정렬됩니다.

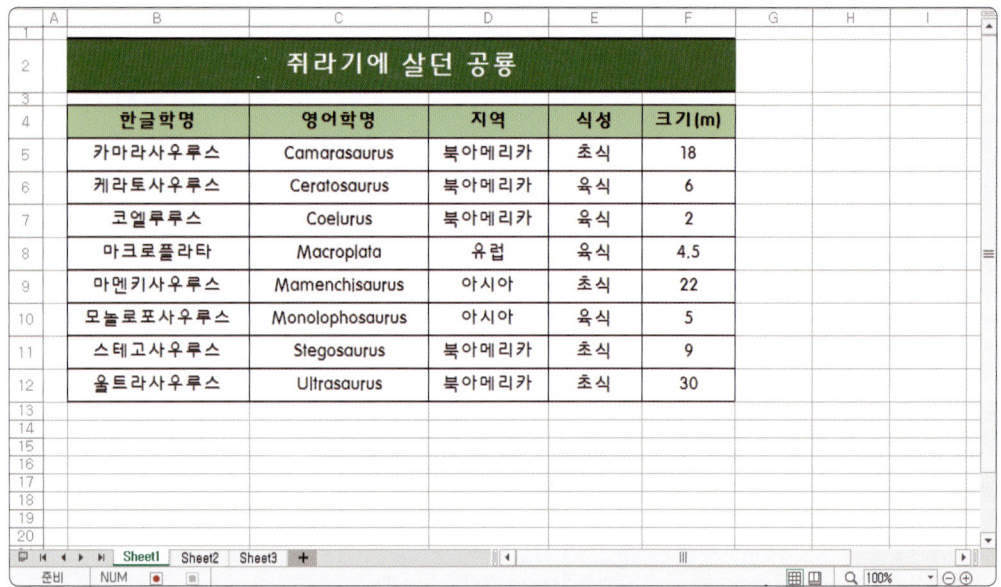

> **Tip**
> 영어학명(C5:C12셀 범위)을 보면 Camarasaurus, Ceratosaurus, …, Stegosaurus, Ultrasaurus 순으로 정렬(오름차순 정렬)된 것을 확인할 수 있습니다.

③ 식성과 크기를 기준으로 데이터를 정렬하기 위해 B4셀을 선택한 후 [데이터] 탭에서 [정렬]을 클릭합니다.

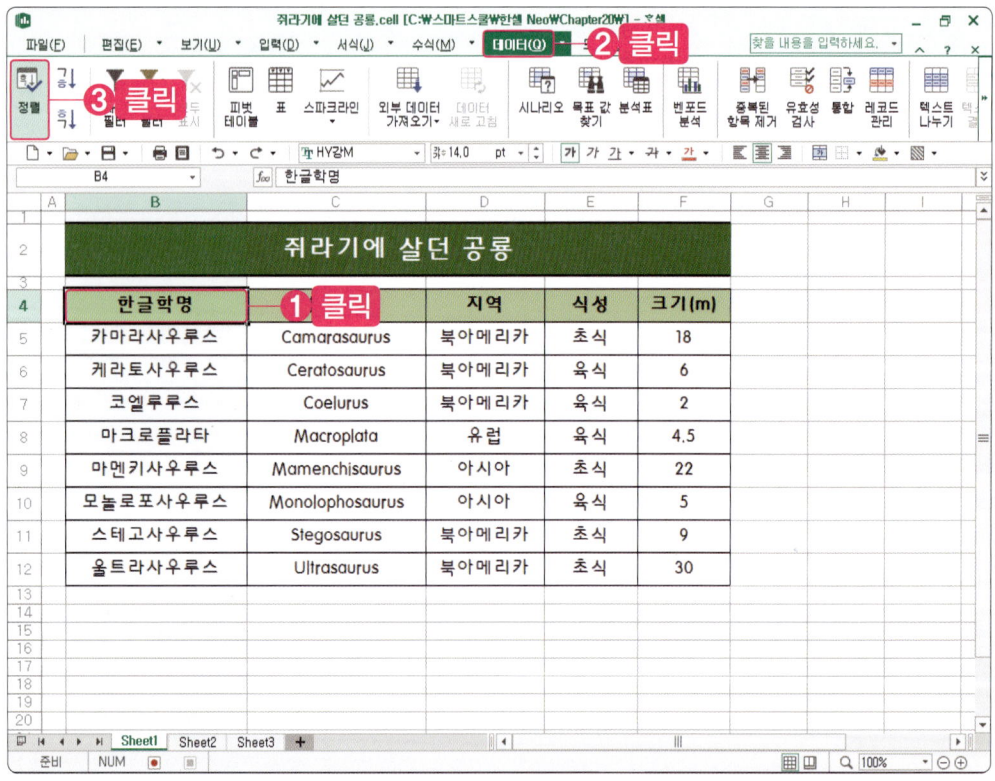

4 [정렬] 대화상자가 나타나면 정렬 방향(위쪽에서 아래쪽)을 선택한 후 [첫 행/열 머리글로 사용]을 선택한 다음 기준 1에서 열(식성)과 정렬(오름차순)을 선택하고 ➕ [기준 추가] 단추를 클릭합니다.

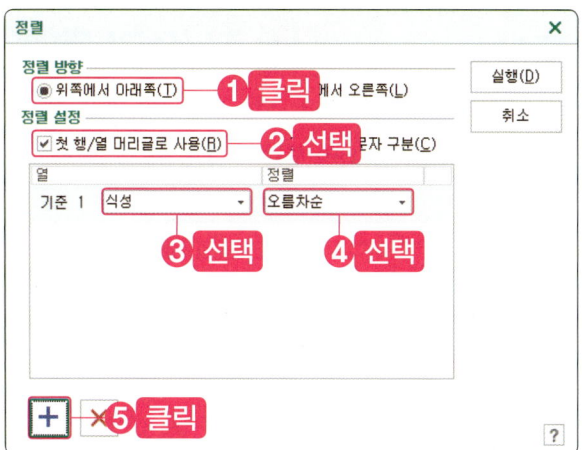

5 기준 2가 추가되면 기준 2에서 열(크기(m))과 정렬(내림차순)을 선택한 후 [실행] 단추를 클릭합니다.

6 다음과 같이 식성을 기준으로 오름차순 정렬되고, 식성이 같으면 크기를 기준으로 내림차순 정렬됩니다.

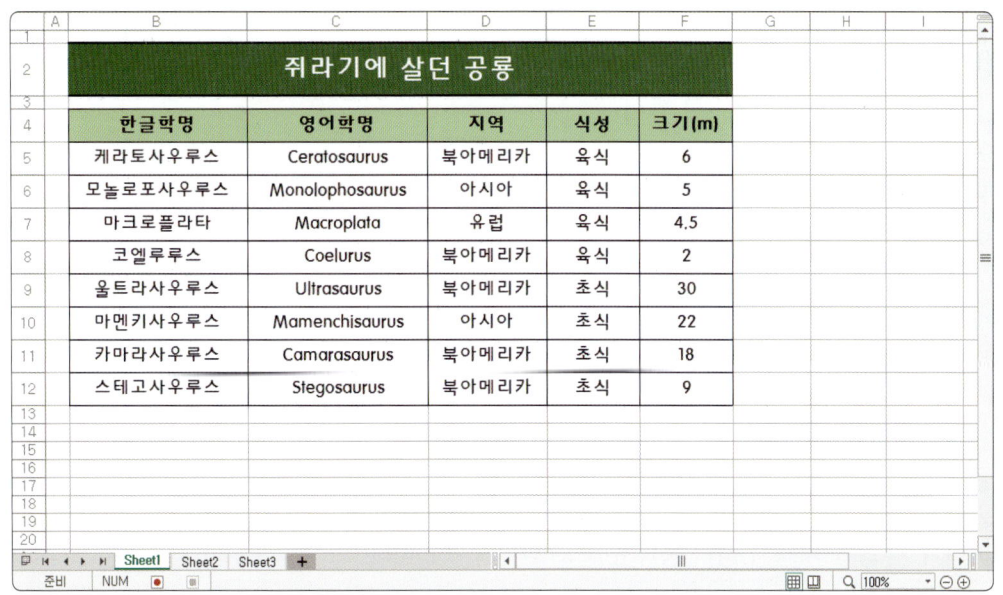

> **Tip**
> 식성(E5:E12셀 범위)을 보면 육식, 초식 순으로 정렬(오름차순 정렬)된 것을 확인할 수 있고, 식성이 '육식'인 경우의 크기(F5:F8셀 범위)를 보면 6, 5, 4.5, 2 순으로 정렬(내림차순 정렬), 식성이 '초식'인 경우의 크기(F9:F12셀 범위)를 보면 30, 22, 18, 9 순으로 정렬(내림차순 정렬)된 것을 확인할 수 있습니다.

THEME 02 사용자 정의 목록 순으로 데이터 정렬하기

1 지역을 기준으로 데이터를 정렬하기 위해 B4셀을 선택한 후 [데이터] 탭에서 [정렬]을 클릭합니다.

2 [정렬] 대화상자가 나타나면 정렬 방향(위쪽에서 아래쪽)을 선택한 후 [첫 행/열 머리글로 사용]을 선택합니다. 그런 다음 기준 1에서 열(지역)을 선택한 후 정렬의 [목록] 단추를 클릭한 다음 [사용자 정의 목록]을 클릭합니다.

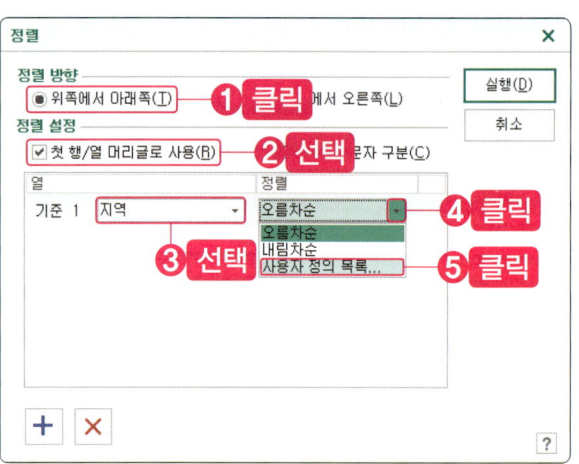

> **Tip**
> 지역을 기준으로 오름차순 정렬하면 북아메리카, 아시아, 유럽 순으로 정렬되고, 지역을 기준으로 내림차순 정렬하면 유럽, 아시아, 북아메리카 순으로 정렬되는데요. 여기서는 지역을 기준으로 아시아, 북아메리카, 유럽 순(사용자 정의 목록 순)으로 정렬할 것입니다.

3 [사용자 설정] 대화상자가 나타나면 목록 항목(아시아, 북아메리카, 유럽)을 입력한 후 ➕[추가] 단추를 클릭한 다음 목록 항목이 사용자 정의 목록에 추가되면 [설정] 단추를 클릭합니다.

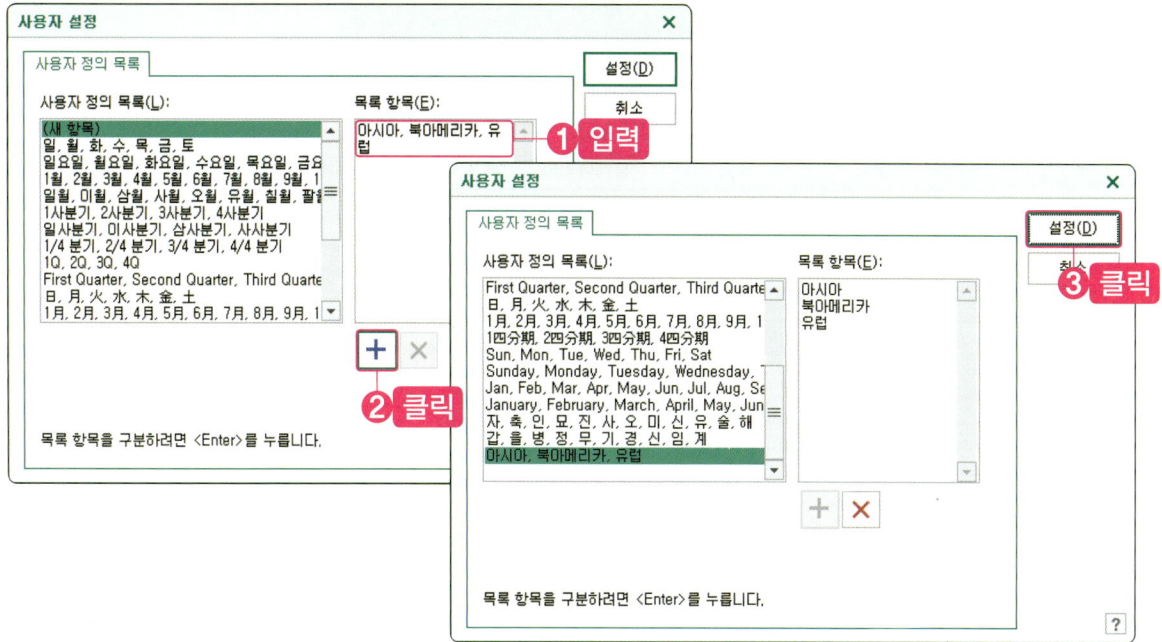

알아두면 실력튼튼

목록 항목 입력하기

목록 항목은 쉼표(,)로 구분하여 입력하거나 다음과 같이 Enter를 눌러 입력할 수도 있습니다.

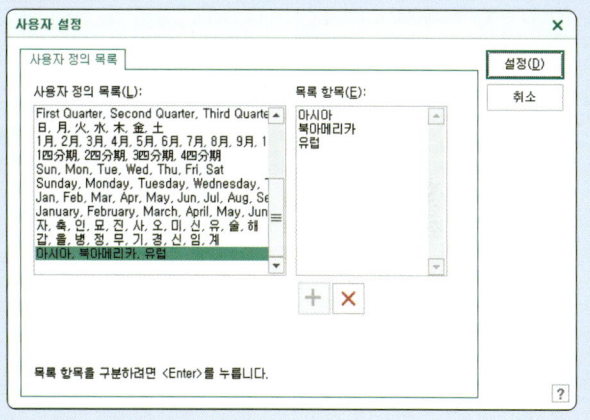

4 [정렬] 대화상자가 다시 나타나면 [실행] 단추를 클릭합니다.

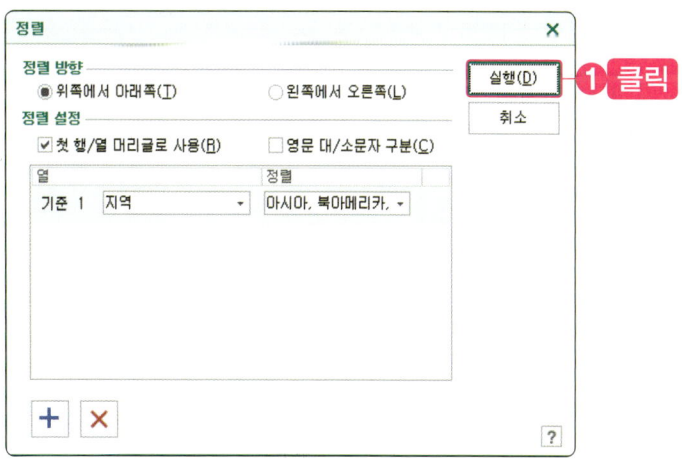

Chapter 20 – 데이터 정렬하기

5 다음과 같이 지역을 기준으로 아시아, 북아메리카, 유럽 순(사용자 정의 목록 순)으로 정렬됩니다.

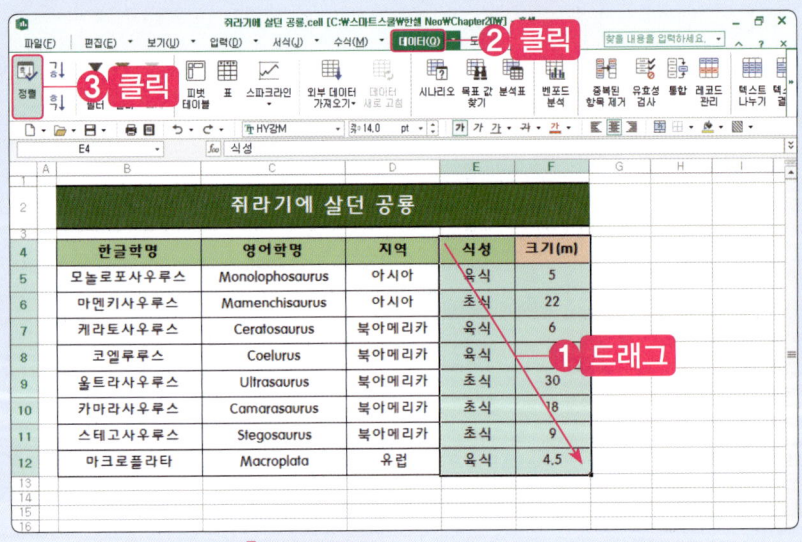

알아두면 실력튼튼

식성과 크기의 위치를 서로 바꾸기

다음과 같이 E4:F12셀 범위를 선택한 후 [데이터] 탭에서 [정렬]을 클릭하면 [정렬] 대화상자가 나타나는데요. [정렬] 대화상자에서 정렬 방향(왼쪽에서 오른쪽)을 선택한 후 [첫 행/열 머리글로 사용]을 선택 해제한 다음 기준 1에서 열(행4)과 정렬(내림차순)을 선택하고 [실행] 단추를 클릭하면 식성과 크기의 위치를 서로 바꿀 수 있습니다.

01 다음과 같이 '백악기에 살던 공룡' 파일을 연 후 한글학명을 기준으로 내림차순 정렬을 해 보세요.

	A	B	C	D	E	F
1						
2		백악기에 살던 공룡				
3						
4		한글학명	영어학명	지역	식성	크기(m)
5		티라노사우루스	Tyrannosaurus	북아메리카	육식	15
6		트리케라톱스	Triceratops	북아메리카	초식	9
7		테스켈로사우루스	Thescelosaurus	북아메리카	초식	4
8		타르보사우루스	Tarbosaurus	아시아	육식	14
9		친타오사우루스	Tsintaosaurus	아시아	초식	10
10		스피노사우루스	Spinosaurus	아프리카	육식	12
11		수코미무스	Suchomimus	아프리카	육식	11
12		벨로키랍토르	Velociraptor	아시아	육식	1.8

Hint
B4셀을 선택한 후 [데이터] 탭에서 [내림차순]을 클릭하면 한글학명을 기준으로 내림차순 정렬을 할 수 있습니다.

02 다음과 같이 지역을 기준으로 내림차순 정렬, 지역이 같으면 크기를 기준으로 오름차순 정렬을 해 보세요.

	A	B	C	D	E	F
1						
2		백악기에 살던 공룡				
3						
4		한글학명	영어학명	지역	식성	크기(m)
5		수코미무스	Suchomimus	아프리카	육식	11
6		스피노사우루스	Spinosaurus	아프리카	육식	12
7		벨로키랍토르	Velociraptor	아시아	육식	1.8
8		친타오사우루스	Tsintaosaurus	아시아	초식	10
9		타르보사우루스	Tarbosaurus	아시아	육식	14
10		테스켈로사우루스	Thescelosaurus	북아메리카	초식	4
11		트리케라톱스	Triceratops	북아메리카	초식	9
12		티라노사우루스	Tyrannosaurus	북아메리카	육식	15

자동 필터 사용하기

Chapter 21

◆ 자동 필터를 사용하는 방법에 대해 알아보겠습니다.
◆ 사용자 정의 자동 필터를 사용하는 방법에 대해 알아보겠습니다.

많은 데이터 중에서 원하는 데이터만 표시하는 작업을 '필터링'이라고 하고, 필터링을 하기 위해 지정한 조건을 '필터'라고 하는데요. 한셀에서는 자동 필터를 사용하면 필터링을 할 수 있습니다.

구분	종류	사람 수
제조업	제빵사	3
사무업	회사원	21
기타	교사	4
기타	집배원	4

우리 고장 사람들의 직업

THEME 01 자동 필터 사용하기

1 '우리 고장 사람들의 직업' 파일을 연 후 자동 필터를 사용하기 위해 B4셀을 선택한 다음 [데이터] 탭에서 [자동 필터]를 선택합니다.

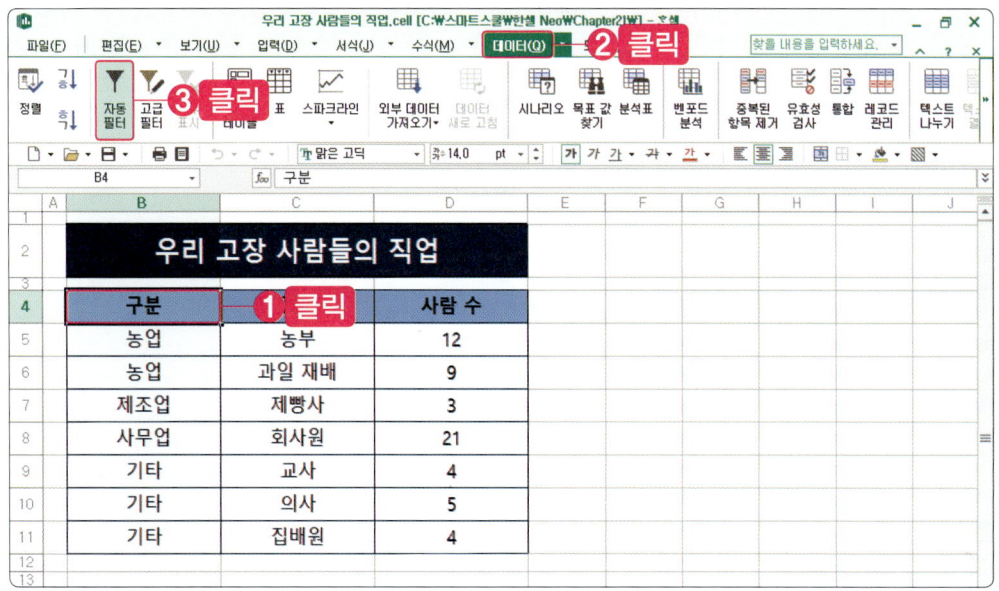

> **Tip**
> [자동 필터]는 클릭하면 선택되고, 다시 클릭하면 선택 해제됩니다.

2 [구분] 필드의 ▼[필터 목록] 단추를 클릭한 후 [모두]를 선택 해제한 다음 [기타]를 선택하고 [설정] 단추를 클릭합니다.

> **Tip**
> • 데이터에서 열을 '필드'라고 하고, 필드의 이름(여기서는 구분, 종류, 사람 수)을 '필드명'이라고 합니다.
> • 자동 필터를 사용하면 필드명에 ▼[필터 목록] 단추가 나타납니다.

3 구분이 기타인 데이터만 표시되면 필드에 지정되어 있는 조건을 모두 지우기 위해 [데이터] 탭에서 [모두 표시]를 클릭합니다.

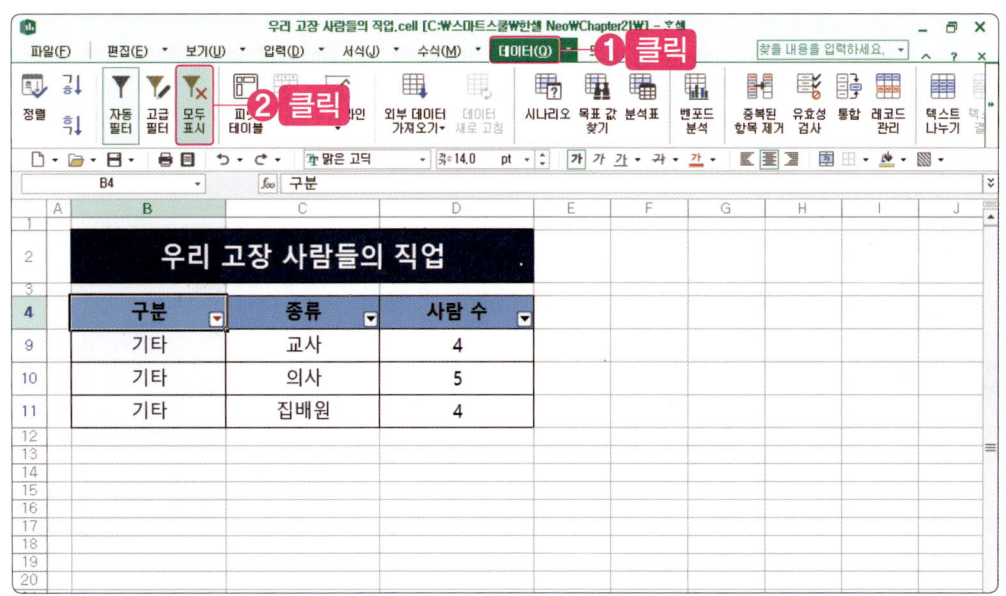

> **Tip**
> - 필터링을 하면 해당 필드의 [필터 목록] 단추가 ▼ 모양에서 ▼ 모양으로 변경되고, 행 번호도 파란색으로 변경됩니다.
> - 여러 필드에 조건이 지정되어 있는 경우, 여러 필드에 지정되어 있는 조건을 모두 만족하는 데이터만 표시됩니다.

4 모든 데이터가 표시됩니다.

알아두면 실력튼튼

모두 표시와 필터 해제

여러 필드에 조건이 지정되어 있는 경우, [데이터] 탭에 있는 [모두 표시]는 여러 필드에 지정되어 있는 조건을 모두 지우고, 필터 목록에 있는 [필터 해제]는 해당 필드에 지정되어 있는 조건만 지우는데요. 다음은 [구분] 필드와 [사람 수] 필드에 조건을 지정한 후 [사람 수] 필드의 [필터 목록] 단추를 클릭한 다음 [필터 해제]를 클릭하여 [사람 수] 필드에 지정되어 있는 조건만 지운 경우입니다.

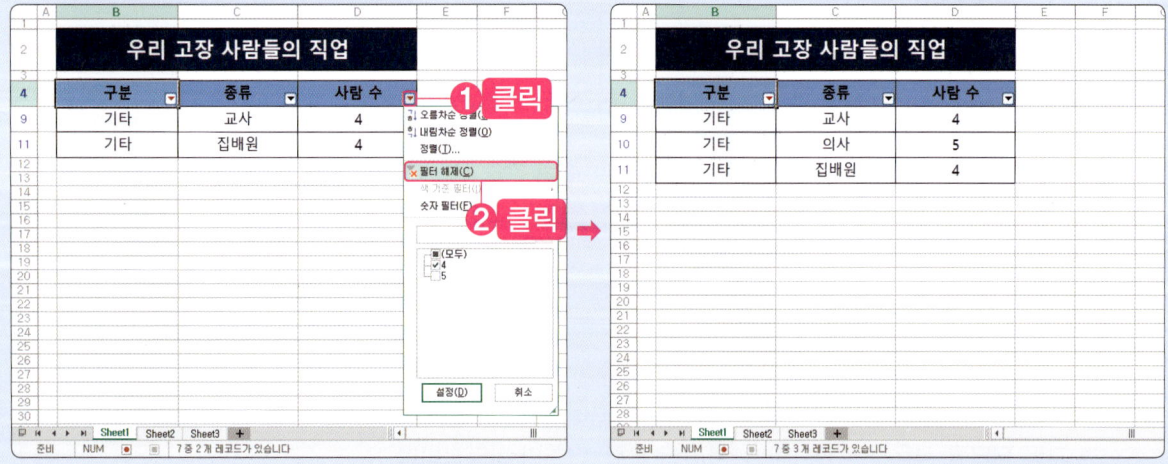

THEME 02 사용자 정의 자동 필터 사용하기

1 사용자 정의 자동 필터를 사용하기 위해 [사람 수] 필드의 ▼[필터 목록] 단추를 클릭한 후 [숫자 필터]-[사용자 지정 필터]를 클릭합니다.

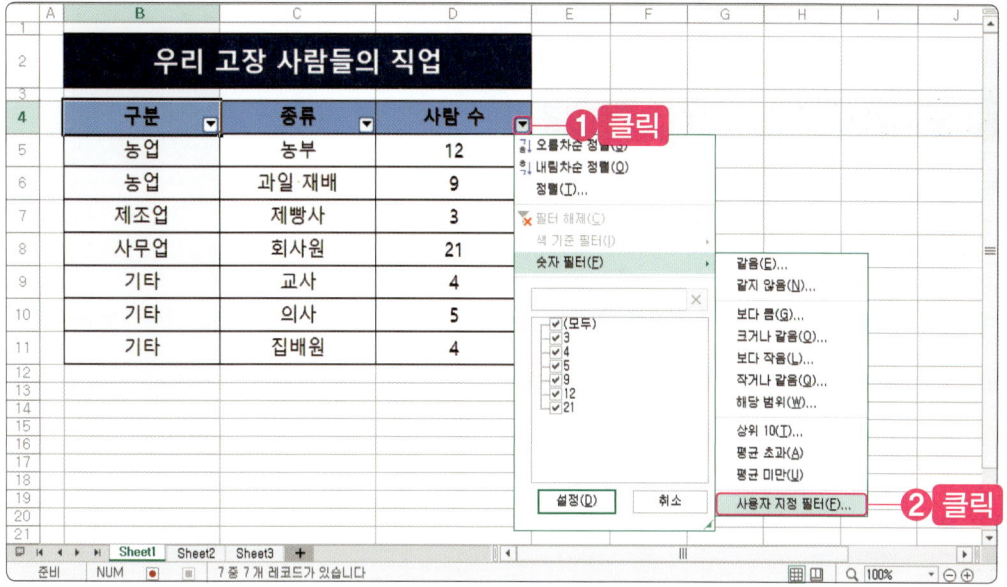

> **Tip**
> - 사용자 정의 자동 필터는 직접 조건을 지정하여 필터링을 할 수 있는 자동 필터입니다.
> - 필드에 있는 데이터에 따라 필터 목록이 다르게 나타나는데요. 필드에 있는 데이터가 문자 데이터이면 시작 문자, 끝 문자, 포함, 포함하지 않음 등의 텍스트 필터 목록이 나타나고, 숫자 데이터이면 보다 큼, 크거나 같음, 보다 작음, 작거나 같음 등의 숫자 필터 목록이 나타나며 날짜 데이터이면 이전, 이후, 내일, 오늘, 어제 등의 날짜 필터 목록이 나타납니다.

2 [사용자 정의 자동 필터] 대화상자가 나타나면 다음과 같이 조건을 지정한 후 [확인] 단추를 클릭합니다.

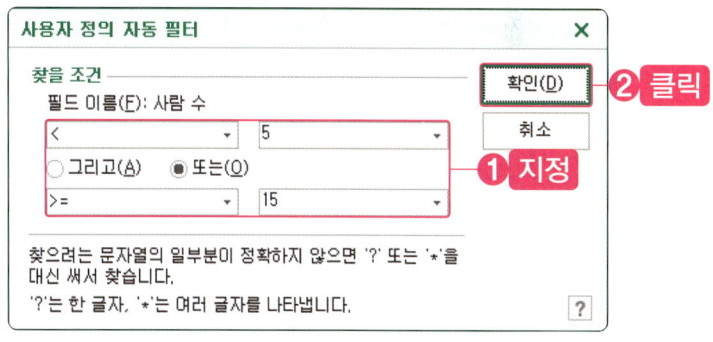

> **Tip**
> '그리고'는 AND 조건으로 두 조건을 모두 만족해야 하는 경우에 선택하고, '또는'은 OR 조건으로 두 조건 중에서 하나라도 만족하면 되는 경우에 선택합니다.

3 사람 수가 5 미만이거나 15 이상인 데이터만 표시되면 자동 필터를 해제하기 위해 [데이터] 탭에서 [자동 필터]를 선택 해제합니다.

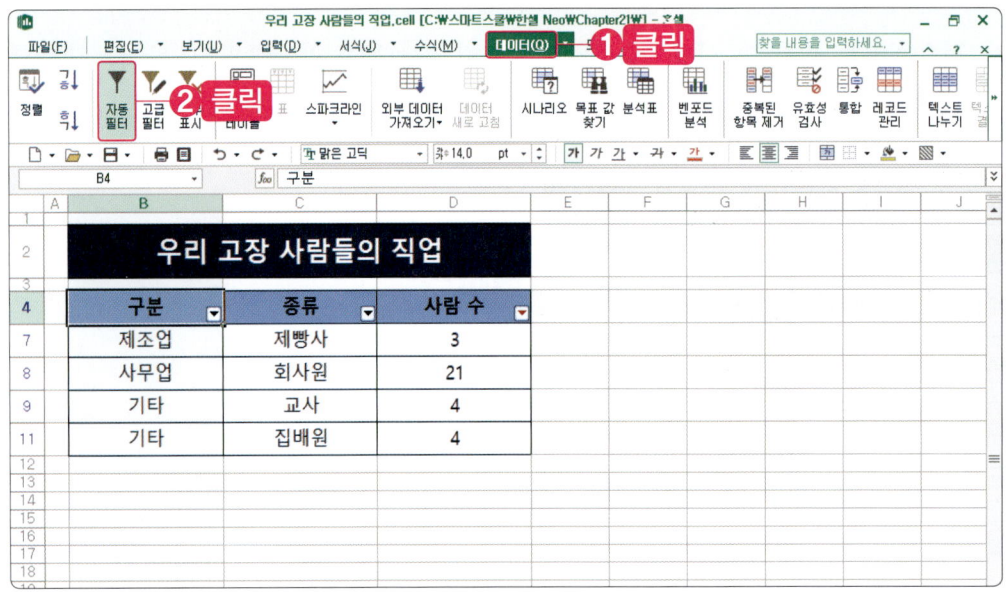

> **Tip**
> 종류가 제빵사, 교사, 집배원인 데이터는 사람 수가 5 미만이기 때문에 표시된 것이고, 종류가 회사원인 데이터는 사람 수가 15 이상이기 때문에 표시된 것입니다.

4 다음과 같이 자동 필터가 해제됩니다.

> **Tip**
> 자동 필터가 해제되면 [필터 목록] 단추가 제거되고 모든 데이터가 표시됩니다.

01 다음과 같이 '직업과 관련된 곳' 파일을 연 후 자동 필터를 사용하여 공공 기관인 데이터만 표시해 보세요.

	A	B	C	D	E	F
1						
2		직업과 관련된 곳				
3						
4		장소 ▼	개수 ▼	공공 기관 ▼		
5		도서관	2	O		
7		학교	3	O		
8		우체국	1	O		
11		소방서	1	O		
12						
13						
14						
15						
16						

> **Hint**
> [공공 기관] 필드의 ▼[필터 목록] 단추를 클릭한 후 [모두 선택]을 선택 해제한 다음 [O]를 선택하고 [설정] 단추를 클릭하면 공공 기관인 데이터만 표시할 수 있습니다.

02 필드에 지정되어 있는 조건을 모두 지워 보세요.

03 다음과 같이 사용자 정의 자동 필터를 사용하여 개수가 2 미만이거나 5 이상인 데이터만 표시해 보세요.

	A	B	C	D	E	F
1						
2		직업과 관련된 곳				
3						
4		장소 ▼	개수 ▼	공공 기관 ▼		
6		볼링장	1	X		
8		우체국	1	O		
9		문방구	7	X		
11		소방서	1	O		
12						
13						
14						
15						
16						

04 자동 필터를 해제해 보세요.

고급 필터 사용하기

Chapter 22

◆ 현재 위치에 원하는 데이터만 표시하는 방법에 대해 알아보겠습니다.
◆ 다른 위치에 원하는 데이터만 표시하는 방법에 대해 알아보겠습니다.

고급 필터는 자동 필터보다 더 복잡한 조건을 지정할 수 있어서 자동 필터로는 원하는 데이터를 표시할 수 없는 경우에 많이 사용하는데요. 고급 필터를 사용하려면 먼저 조건을 해당하는 필드명과 함께 입력해야 합니다.

	A	B	C	D	E	F	G	H
1								
2			우리 지역의 날씨					
3								
4		날짜	최저(℃)	최고(℃)	구름의 양		최저(℃)	구름의 양
5		8월 1일	25	30	맑음		>=25	맑음
6		8월 2일	25	31	맑음			
7		8월 3일	23	28	구름 조금			
8		8월 4일	25	29	맑음			
9		8월 5일	20	25	흐림			
10		8월 6일	21	27	구름 많음			
11		8월 7일	23	29	맑음			
12								
13		날짜	최저(℃)	최고(℃)	구름의 양			
14		8월 1일	25	30	맑음			
15		8월 2일	25	31	맑음			
16		8월 4일	25	29	맑음			

THEME 01 현재 위치에 원하는 데이터만 표시하기

1 '우리 지역의 날씨' 파일을 연 후 필드명을 복사하기 위해 D4:E4셀 범위를 선택한 다음 [편집] 탭에서 [복사하기]를 클릭합니다.

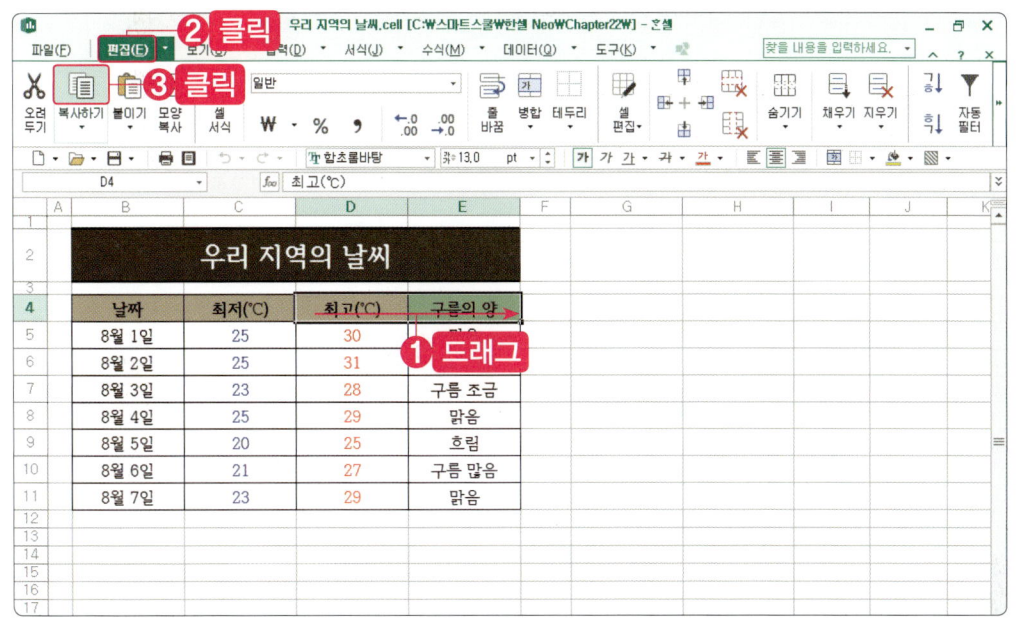

> **Tip**
> D4:E4셀 범위를 선택한 후 Ctrl+C를 눌러 필드명을 복사할 수도 있습니다.

2 필드명이 복사되면 필드명을 붙여넣기 위해 G4셀을 선택한 후 [편집] 탭에서 [붙이기]를 클릭합니다.

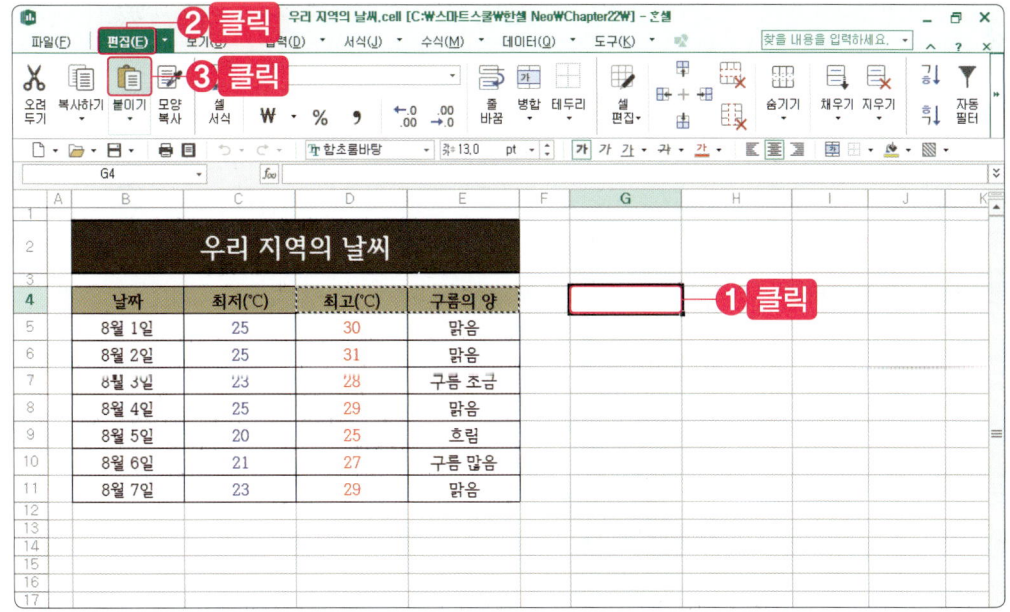

> **Tip**
> G4셀을 선택한 후 Ctrl+V를 눌러 필드명을 붙여넣을 수도 있습니다.

Chapter 22 – 고급 필터 사용하기 **145**

3 필드명이 붙여넣어지면 다음과 같이 G5:H6셀 범위에 조건을 입력한 후 고급 필터를 사용하기 위해 B4셀을 선택한 다음 [데이터] 탭에서 [고급 필터]를 클릭합니다.

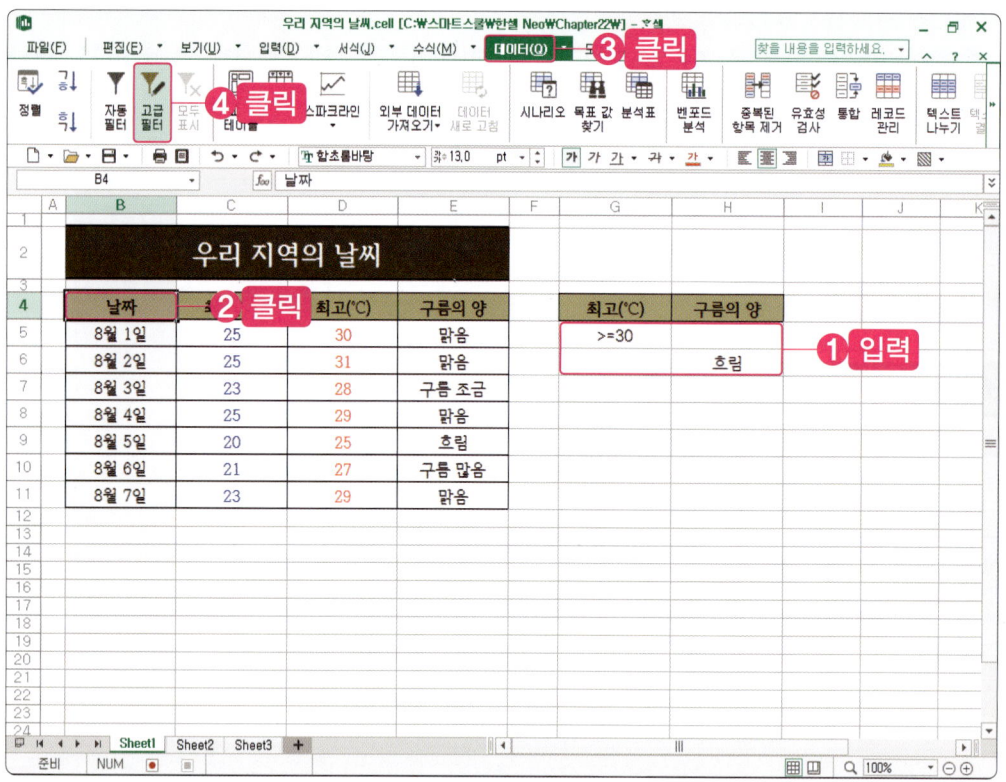

> **Tip**
> 데이터에 있는 필드명과 조건에 있는 필드명이 서로 달라 필터링이 제대로 안 되는 경우가 있는데요. 예를 들어 '최고(℃)'를 '최교(℃)'와 같이 잘못 입력하거나 '최고 (℃)'와 같이 공백을 입력한 경우입니다. 조건을 입력할 때 필드명을 직접 입력하지 않고 데이터에 있는 필드명을 복사하여 붙여넣으면 이런 실수를 미연에 방지할 수 있습니다.

알아두면 실력튼튼

조건 입력하기

다음과 같이 같은 행에 조건을 입력하면 AND 조건으로 입력한 조건을 모두 만족하는 데이터만 표시하고, 다른 행에 조건을 입력하면 OR 조건으로 입력한 조건 중에서 하나라도 만족하는 데이터만 표시합니다.

◀ 최고(℃)가 30 이상이고 구름의 양이 흐림인 데이터(AND 조건)

◀ 최고(℃)가 30 이상이거나 구름의 양이 흐림인 데이터(OR 조건)

④ [고급 필터] 대화상자가 나타나면 [현재 위치에 필터]를 선택한 후 데이터 범위($B$4:$E$11)와 찾을 조건 범위($G$4:$H$6)를 입력한 다음 [설정] 단추를 클릭합니다.

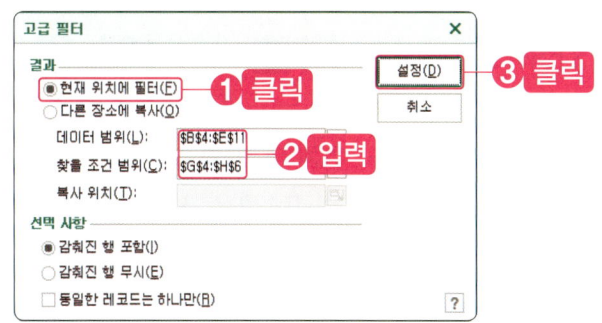

> **Tip**
> 데이터 범위는 데이터가 있는 셀 범위이고, 찾을 조건 범위는 조건이 있는 셀 범위입니다.

⑤ 현재 위치에 최고(℃)가 30 이상이거나 구름의 양이 흐림인 데이터만 표시되면 고급 필터에 지정되어 있는 조건을 모두 지우기 위해 [데이터] 탭에서 [모두 표시]를 클릭합니다.

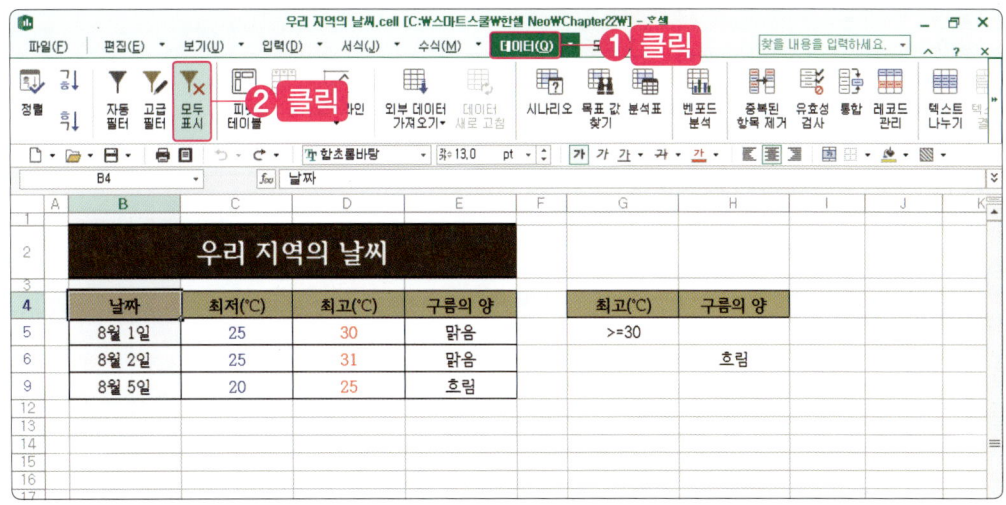

> **Tip**
> 날짜가 8월 1일인 데이터와 8월 2일인 데이터는 최고(℃)가 30 이상이기 때문에 표시된 것이고, 날짜가 8월 5일인 데이터는 구름의 양이 흐림이기 때문에 표시된 것입니다.

⑥ 다음과 같이 모든 데이터가 표시됩니다.

날짜	최저(℃)	최고(℃)	구름의 양		최고(℃)	구름의 양
8월 1일	25	30	맑음		>=30	
8월 2일	25	31	맑음			흐림
8월 3일	23	28	구름 조금			
8월 4일	25	29	맑음			
8월 5일	20	25	흐림			
8월 6일	21	27	구름 많음			
8월 7일	23	29	맑음			

Chapter 22 - 고급 필터 사용하기

THEME 02 — 다른 위치에 원하는 데이터만 표시하기

1 다음과 같이 기존 조건을 지운 후 G4:H5셀 범위에 새로운 조건을 입력한 다음 고급 필터를 사용하기 위해 B4셀을 선택하고 [데이터] 탭에서 [고급 필터]를 클릭합니다.

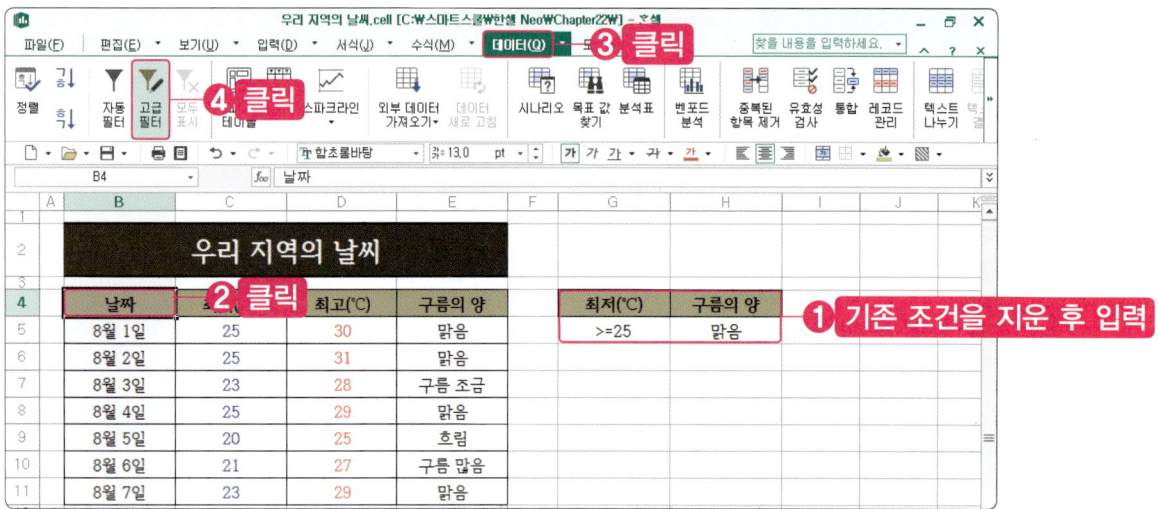

2 [고급 필터] 대화상자가 나타나면 [다른 장소에 복사]를 선택한 후 데이터 범위($B$4:$E$11), 찾을 조건 범위($G$4:$H$5), 복사 위치($B$13)를 입력한 다음 [설정] 단추를 클릭합니다.

> Tip
> 복사 위치는 원하는 데이터를 복사할 위치로 [다른 장소에 복사]를 선택한 경우에만 활성화됩니다.

3 다음과 같이 다른 위치에 최저(℃)가 25 이상이고 구름의 양이 맑음인 데이터만 표시됩니다.

01 다음과 같이 '내일의 날씨' 파일을 연 후 고급 필터를 사용하여 현재 위치에 최저(℃)가 5 미만이거나 차이가 10 이상인 데이터만 표시해 보세요.

	지역	최저(℃)	최고(℃)	차이		최저(℃)	차이
			내일의 날씨				
	지역	최저(℃)	최고(℃)	차이		최저(℃)	차이
	서울	4	12	8		<5	
	춘천	3	12	9			>=10
	강릉	4	9	5			
	광주	6	16	10			

02 고급 필터에 지정되어 있는 조건을 모두 지워 보세요.

03 다음과 같이 고급 필터를 사용하여 다른 위치(B16셀)에 최고(℃)가 15 이상이고 차이가 10 이상인 데이터만 표시해 보세요.

	지역	최저(℃)	최고(℃)	차이		최고(℃)	차이
			내일의 날씨				
	지역	최저(℃)	최고(℃)	차이		최고(℃)	차이
	서울	4	12	8		>=15	>=10
	춘천	3	12	9			
	강릉	4	9	5			
	대전	6	13	7			
	청주	6	12	6			
	대구	7	15	8			
	광주	6	16	10			
	전주	6	13	7			
	부산	7	15	8			
	제주	9	14	5			
	지역	최저(℃)	최고(℃)	차이			
	광주	6	16	10			

Chapter 22 - 고급 필터 사용하기

부분합 사용하기

Chapter 23

◆ 부분합을 사용하는 방법에 대해 알아보겠습니다.
◆ 윤곽 설정 단추를 사용하는 방법에 대해 알아보겠습니다.

부분합은 데이터를 특정 항목별로 그룹화한 후 그룹별로 요약하는 기능인데요. 부분합을 사용하면 그룹별로 합계, 평균, 최댓값, 최솟값 등을 쉽고 빠르게 구할 수 있습니다.

	A	B	이름	반	1차	2차
2			영어 듣기 평가			
4			이름	반	1차	2차
5			고영미	1	60	75
6			신정환	1	65	80
7			정영옥	1	55	70
8				1 합계	180	225
9				1 평균	60	75
10			이서희	2	95	80
11			조영민	2	80	95
12			하다혜	2	95	80
13				2 합계	270	255
14				2 평균	90	85
15				전체 평균	75	80
16				총 합계	450	480

THEME 01 부분합 사용하기

1 '영어 듣기 평가' 파일을 연 후 반을 기준으로 데이터를 정렬하기 위해 C4셀을 선택한 다음 [데이터] 탭에서 [오름차순]을 클릭합니다.

> **Tip** 부분합을 제대로 사용하려면 먼저 데이터를 그룹화할 항목을 기준으로 정렬해야 합니다.

2 다음과 같이 반을 기준으로 오름차순 정렬됩니다.

Chapter 23 - 부분합 사용하기 **151**

3 반별로 1차 평균과 2차 평균을 구하기 위해 B4셀을 선택한 후 [데이터] 탭에서 [부분합]을 클릭합니다.

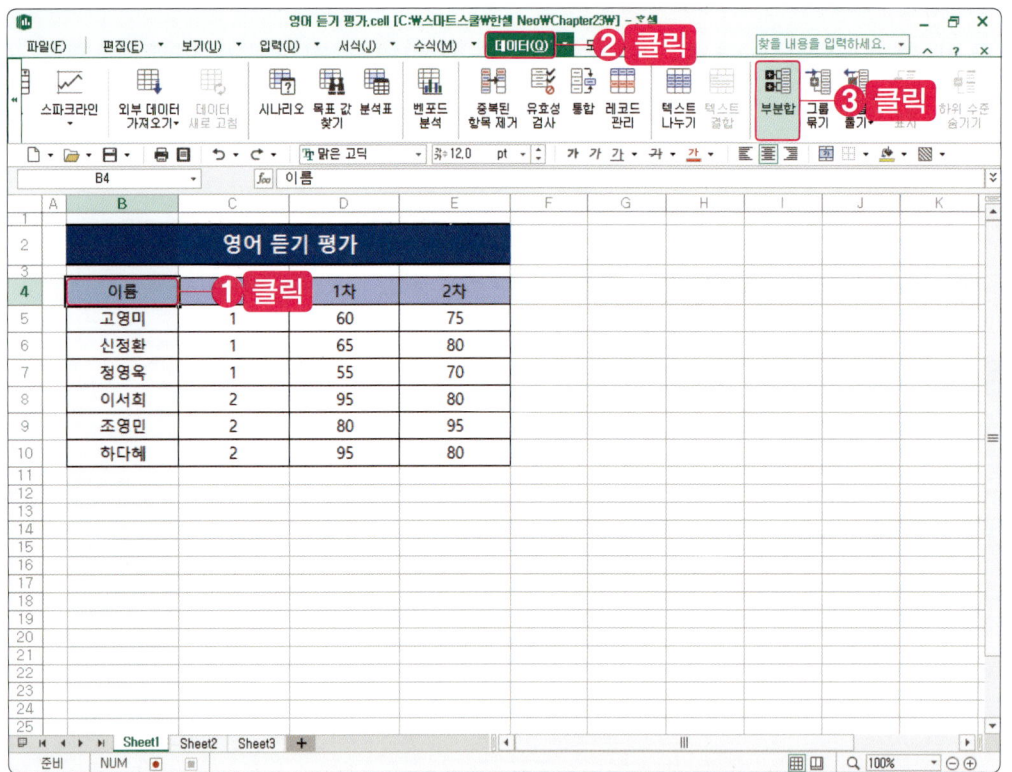

4 [부분합] 대화상자가 나타나면 그룹화할 항목(반), 사용할 함수(평균), 부분합 계산 항목(1차, 2차)을 선택한 후 [실행] 단추를 클릭합니다.

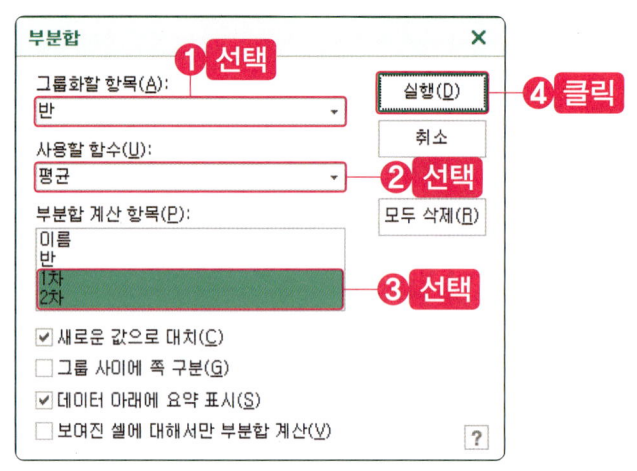

> **Tip**
> 부분합 계산 항목은 클릭하면 선택되고, 다시 클릭하면 선택 해제됩니다.

알아두면 실력튼튼

[부분합] 대화상자의 항목

- **그룹화할 항목** : 데이터를 그룹화할 때 기준이 되는 항목입니다.
- **사용할 함수** : 그룹별로 계산할 때 사용할 함수입니다.
- **부분합 계산 항목** : 그룹별로 계산할 항목입니다.

5 반별로 1차 평균과 2차 평균이 구해지면 반별로 1차 합계와 2차 합계를 구하기 위해 B4셀을 선택한 후 [데이터] 탭에서 [부분합]을 클릭합니다.

Tip
부분합을 사용하면 시트 왼쪽에 하위 그룹을 숨기거나 나타나게 할 수 있는 1, 2, 3 등의 윤곽 설정 단추가 나타납니다.

알아두면 실력튼튼

데이터를 그룹화할 항목을 기준으로 정렬하지 않고 부분합을 사용한 경우

데이터를 그룹화할 항목인 반을 기준으로 정렬하지 않고 부분합을 사용한 경우에는 다음과 같이 반이 다를 때마다 다른 그룹으로 인식하여 1차 평균과 2차 평균이 구해집니다.

	이름	반	1차	2차
	영어 듣기 평가			
5	고영미	1	60	75
6	신정환	1	65	80
7		1 평균	62.5	77.5
8	이서회	2	95	80
9		2 평균	95	80
10	정영욱	1	55	70
11		1 평균	55	70
12	조영민	2	80	95
13	하다혜	2	95	80
14		2 평균	87.5	87.5
15		전체 평균	75	80

Chapter 23 – 부분합 사용하기

6 [부분합] 대화상자가 나타나면 그룹화할 항목(반), 사용할 함수(합계), 부분합 계산 항목(1차, 2차)을 선택한 후 [새로운 값으로 대치]를 선택 해제한 다음 [실행] 단추를 클릭합니다.

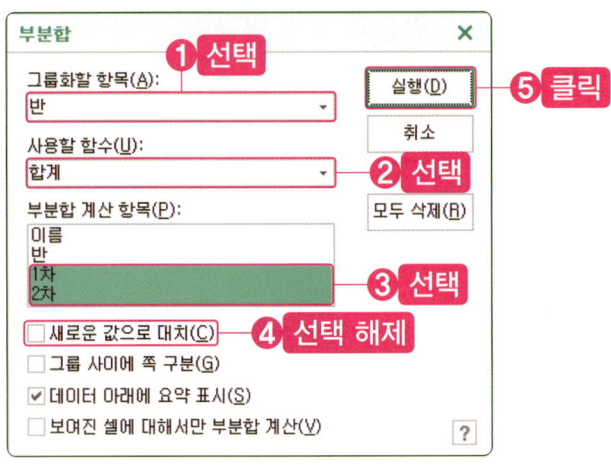

Tip
[모두 삭제] 단추를 클릭하면 부분합을 삭제할 수 있습니다.

7 다음과 같이 반별로 1차 합계와 2차 합계가 구해집니다.

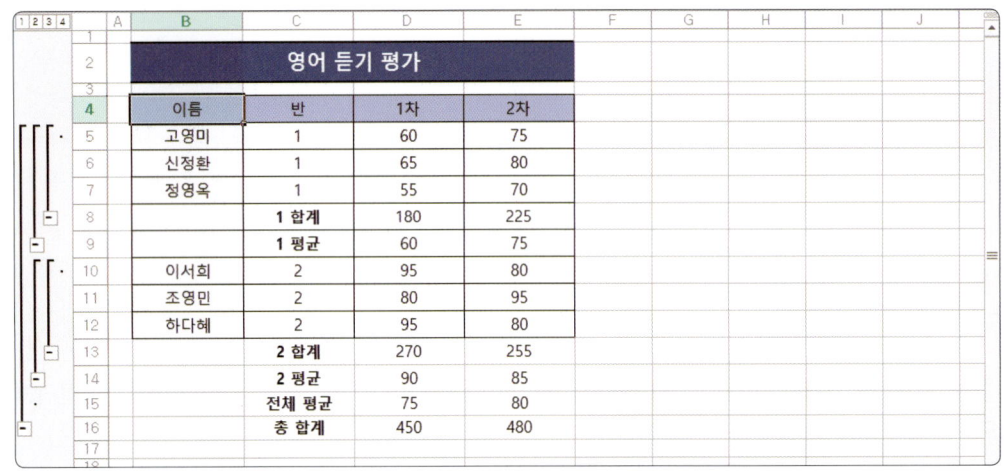

Tip
기존에 구한 부분합을 그대로 둔 상태에서 새로 구한 부분합이 기존에 구한 부분합 위에 나타납니다.

알아두면 실력튼튼

[부분합] 대화상자에서 [새로운 값으로 대치]를 선택한 경우

[부분합] 대화상자에서 [새로운 값으로 대치]를 선택한 경우에는 다음과 같이 기존에 구한 부분합을 삭제한 후 새로 구한 부분합이 나타납니다.

THEME 02 윤곽 설정 단추 사용하기

1 윤곽 설정 단추에서 3을 클릭합니다.

2 다음과 같이 1반 합계, 1반 평균, 2반 합계, 2반 평균, 전체 평균, 총 합계만 표시됩니다.

> **Tip**
> 윤곽 설정 단추에서 1을 클릭하면 총 합계만 표시되고, 2를 클릭하면 1반 평균, 2반 평균, 전체 평균, 총 합계만 표시됩니다.

Chapter 23 - 부분합 사용하기 **155**

알아두면 실력톤톤

윤곽 설정 단추 지우기

다음과 같이 [데이터] 탭에서 [그룹 풀기]를 클릭한 후 [윤곽 지우기]를 클릭하면 윤곽 설정 단추를 지울 수 있습니다.

01 다음과 같이 '컴퓨터 활용 능력 평가' 파일을 연 후 부분합을 사용하여 학년별로 필기 최댓값과 실기 최솟값을 구해 보세요.

	A	B	C	D	E	F	G
1							
2			컴퓨터 활용 능력 평가				
3							
4		이름	학년	필기	실기		
5		이홍수	4	95	75		
6		조아라	4	55	70		
7		권오을	4	60	80		
8			4 최댓값	95			
9			4 최솟값		70		
10		최종기	5	65	95		
11		신해미	5	95	80		
12		이대성	5	80	80		
13			5 최댓값	95			
14			5 최솟값		80		
15			전체 최솟값		70		
16			전체 최댓값	95			
17							
18							

02 다음과 같이 윤곽 설정 단추를 지워 보세요.

	A	B	C	D	E	F	G	H
1								
2			컴퓨터 활용 능력 평가					
3								
4		이름	학년	필기	실기			
5		이홍수	4	95	75			
6		조아라	4	55	70			
7		권오을	4	60	80			
8			4 최댓값	95				
9			4 최솟값		70			
10		최종기	5	65	95			
11		신해미	5	95	80			
12		이대성	5	80	80			
13			5 최댓값	95				
14			5 최솟값		80			
15			전체 최솟값		70			
16			전체 최댓값	95				
17								
18								

Hint [데이터] 탭에서 [그룹 풀기]를 클릭한 후 [윤곽 지우기]를 클릭하면 윤곽 설정 단추를 지울 수 있습니다.

Chapter 24 단원 종합 평가 문제

01 다음 중 셀 값을 다른 셀 값과 비교하여 막대의 길이로 표시할 수 있는 조건부 서식은 어느 것인지 골라 보세요.

① 셀 강조 규칙
② 상위/하위 규칙
③ 데이터 막대
④ 색조

02 다음 □ 안에 들어갈 말은 무엇인지 적어 보세요.

> □은(는) 수치 데이터를 분석하여 그 관계를 일정한 양식의 그림으로 나타낸 것입니다.

03 다음 중 차트의 구성 요소에 대한 설명으로 옳지 않은 것은 어느 것인지 골라 보세요.

① 차트 영역 : 모든 차트 요소를 포함한 차트 전체입니다.
② 차트 제목 : 차트의 제목입니다.
③ 범례 : 데이터 계열을 구분하는 색과 이름을 표시하는 상자입니다.
④ 데이터 계열 : 데이터 요소의 계열 이름, 항목 이름, 값을 표시합니다.

04 다음 중 월이나 연도와 같이 일정한 기간 동안의 데이터 추세를 표시하는 경우에 주로 사용하는 차트는 어느 것인지 골라 보세요.

① 💻 ② 📊
③ 📈 ④ 🥧

05 다음 중 데이터를 일정한 순서에 의해 차례대로 재배열하는 작업을 무엇이라고 하는지 골라 보세요.

① 정렬   ② 자동 필터
③ 고급 필터   ④ 부분합

06 다음 데이터를 내림차순 정렬한 결과로 옳은 것은 어느 것인지 골라 보세요.

> 대한민국, 중국, 일본

① 대한민국, 일본, 중국
② 중국, 일본, 대한민국
③ 대한민국, 중국, 일본
④ 일본, 대한민국, 중국

07 다음 중 고급 필터에서 구분이 기타이고 사람 수가 5 이상인 데이터만 표시되도록 조건을 입력한 것은 어느 것인지 골라 보세요.

① 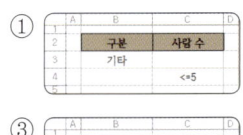 ②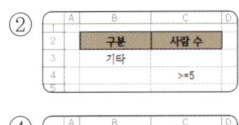

③ 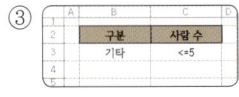 ④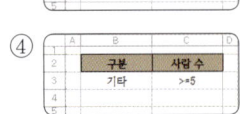

08 다음 중 부분합에 대한 설명으로 옳지 않은 것은 어느 것인지 골라 보세요.

① 부분합은 데이터를 특정 항목별로 그룹화한 후 그룹별로 요약하는 기능입니다.
② 부분합을 제대로 구하려면 먼저 데이터를 그룹화할 항목을 기준으로 정렬해야 합니다.
③ [부분합] 대화상자에서 [새로운 값으로 대치]를 선택하면 기존에 구한 부분합을 그대로 둔 상태에서 새로 구한 부분합이 기존에 구한 부분합 위에 나타납니다.
④ [부분합] 대화상자에서 [모두 삭제] 단추를 클릭하면 부분합을 삭제할 수 있습니다.

■ 정답은 160 페이지에 있습니다.

09 다음과 같이 '우리 집의 온도 변화' 파일을 연 후 차트를 작성해 보세요.
- 차트 삽입 : 차트 데이터(B24:H25셀 범위), 차트 종류([표식이 있는 꺾은선형])
- 차트 스타일 적용 : [스타일7]
- 차트 레이아웃 지정 : [레이아웃1]
- 그림 영역 속성 지정 : 채우기(종류(단색), 색(에메랄드 블루 60% 밝게))
- 범례 : 없음
- 데이터 레이블 : 표시

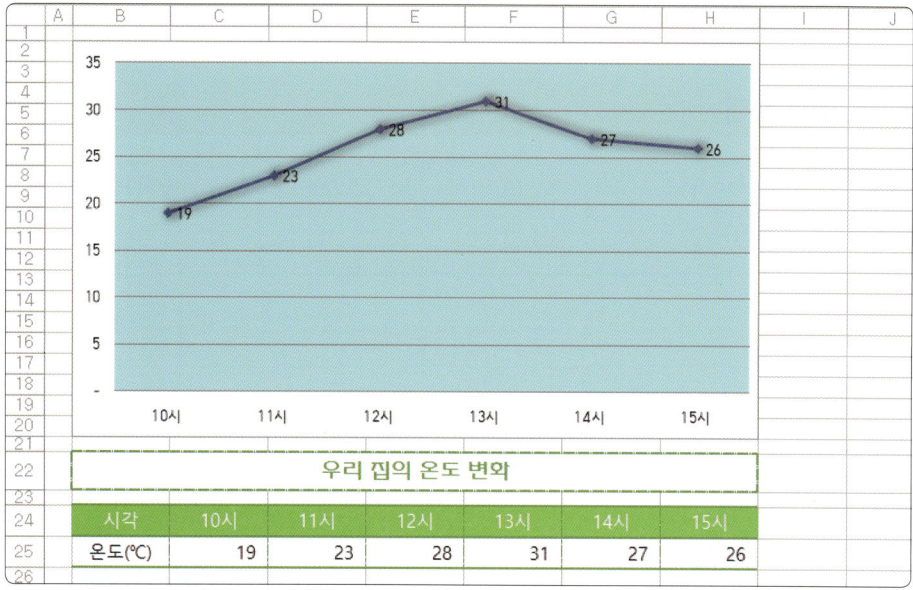

10 다음과 같이 '공연 안내' 파일을 연 후 예매수량을 기준으로 오름차순 정렬, 예매수량이 같으면 좌석수를 기준으로 내림차순 정렬을 해 보세요.

관리번호	공연명	공연장	좌석수	예매수량
BC-02	팥죽할멈과 호랑이	북촌나래홀	300	275
SN-01	아기돼지 삼형제	성남아트센터	500	290
BC-01	꼬꼬마 마술사	북촌나래홀	300	290
SJ-02	어린왕자의 꿈	세종문화회관	800	450
SN-02	우리 아빠가 최고야	성남아트센터	500	450
SJ-01	공룡이 살아있다	세종문화회관	800	650

단원 종합 평가 문제 정답

08 단원 종합 평가 문제 - 48 페이지

01 ④   02 ②   03 셀   04 ③   05 ①
06 ④   07 ②   08 ④

16 단원 종합 평가 문제 - 106 페이지

01 ②   02 ①   03 ③   04 ④   05 ①
06 참조   07 ②   08 ③

24 단원 종합 평가 문제 - 158 페이지

01 ③   02 차트   03 ④   04 ③   05 ①
06 ②   07 ④   08 ③